월급은 적지만
부자는 되고 싶어

월급은 적지만 부자는 되고 싶어

곽중현(부의사다리) 지음

온더페이지
on the page

월급쟁이 후배들아,
N포 세대에서 탈출하자

'N포 세대'라는 말이 신문 기사에 자주 등장한다. 취업이 힘든 사회적 분위기와 경제적 압박으로 인해 연애, 결혼, 주택 구매 등 많은 것을 포기한 세대를 지칭하는 말이다. 삼포 세대(연애, 결혼, 출산 포기)에 이어 오포 세대(삼포 세대에 내 집 마련, 인간관계 추가)라는 말이 나오더니 꿈과 희망, 더 나아가 이제 포기할 것도 없는 세대를 N포 세대라고 한다. 먼저 결혼한 선배로서 이야기하면, 결혼을 함으로써 얻는 것이 잃는 것보다 훨씬 많다고 생각한다. 또한 내 집을 소유한 것과 아닌 것은 하늘과 땅 차이다.

회사 후배들과 대화해보면 결혼은 해야 하는데 막막하다고 하는 친구들이 많다. 문제는 결국 다 '돈' 때문이다. 경제적인 여유가 있다면 대부분이 해결되는 것들이다. 돈 공부를 해야 하는 이유가 여기에 있다. 재테크에 대해 잘 모르는 후배들은 단지 적금 드는 것밖에 모른다. 막상 재테크를 하려는 후배들도 어떻게 시작해야 할지 모르겠다고 이야기한다. 내가 그동안 쌓아온 경험과 지식이 이제 막 재테크를 시작하려는 직장인에게 도움이 되지 않을까 하는 생각에 이 책을 쓰게 되었다.

재테크 책의 많은 저자들이 지금부터 재테크를 해서 노후를 준비해야 한다고 이야기한다. 미래를 위해 지금부터 준비해야 한다는 말에는 매우 공감하고 동의한다. 투자는 빨리 시작할수록 유리한 게임이다. 하지만 노후를 위해 재테크를 해야 한다는 것에 대한 생각은 조금 다르다. 40년 뒤 나이 70, 80살에 부자가 되면 과연 행복할까? 앞으로 5년 뒤 조기 은퇴를 위해, 미래의 내가 아닌 현재의 나에게 여유로운 삶을 주기 위해, 돈에 쫓기지 않는 삶을 위해, 정말 좋아하는 일을 하기 위해 재테크를 하라고 권하고 싶다. 백발의 휠체어 탄 부자는 부럽지 않다.

재테크를 하다 보니, 시작은 미미했지만 어느 순간 가속이 붙더니 자산이 급격히 불어나는 경험을 하게 되었다. 결혼하고 전세 8천만 원으로 시작했는데, 재테크 공부를 본격적으로 해서 약 4년이 흐른 지금 순자산 16억 원을 달성했다. 처음에는 '내가 과연 부자가 될 수 있을까?'라는 물음에 확신이 없었다. 하지만 이제 누가 나에게 그렇게 물어본다면 "내가 만족할 수준의 부자는 될 수 있을 것 같다."라고 자신 있게 말할 수 있다.

현재 경제적 자유를 이루었다고 하기에는 한참 부족하지만 순자산 10억 원 초과 달성의 의미는 조금 남다르다. 재테크 초보자 대부분의 목표가 10억 원 달성이며, 10억 원이라는 돈은 어떤 일도 하지 않고 한 달에 약 280만 원씩 30년간 쓸 수 있는 돈이다. 사실 현금이 10억 원 정도 있으면 60세부터 30년간 쓸 수 있으니 재테크 책에서 항상 이야기하는 그 '노후 준비'는 따로 안 해도 된다. 내가 월급만으로 10억 원을 모으려고 했다면 매달 200만 원씩 적금을 들어도 약 40년의 시간이 걸렸을 것이다. 그래서 재테크가 중요하다.

이 책은 '부의 방정식'을 근간으로 5개의 파트로 구성했다. 부의 방정식을 최대한 활용하는 실천 전략을 제시하려고 노력했다. PART 1과 PART 2에서는 부의 방정식 중 '방향성'을 설정하는 실질적인 방법을 소개했고, PART 3에서는 부의 방정식 중 '(나의) 노동소득'을 극대화하는 구체적인 방법을 제시한다. PART 4에는 실전 투자 방법을, PART 5에는 진정한 부자의 의미에 대해 후배들에게 해주고 싶은 조언을 담았다.

재테크 초보자들이 경제적 자유를 이루는 기틀을 잡는 데 이

책이 도움이 되면 좋겠다. 여기에 나온 실천 전략들은 실행하면 반드시 도움이 될 것이라고 확신한다. 아무리 좋은 방법이 있어도 실천하지 않으면 무용지물이다. 반드시 행동을 하자!

2021년 11월

부의사다리 곽중현

차례

프롤로그 월급쟁이 후배들아, N포 세대에서 탈출하자   4

PART 1 직장인이 부자가 되는 현실적인 방법

가만히 있으면 '벼락거지'가 되는 이유

- 돈의 가치는 하락하고 자산의 가격은 상승한다   19
- 부자가 되는 세 가지 방법   22
- 부의 방정식, 부자가 되는 데는 이유가 있다   23

회사는 딱 그만두지 않을 정도의 월급만 준다

- 월급의 구조적인 한계   27
- 직장인의 꽃, 임원   29

나를 알면 백전백승, 자산현황 정확히 파악하기

- 재무상태표 만들기   33
- 현금흐름표 만들기   38

구체적인 비전보드와 계획 만들기

- 목표를 구체적이고 명확하게 세워야 한다   40
- 방향성이 가장 중요하다   44

재테크 제1의 목표, 종잣돈 만들기

- 종잣돈은 왜 필요할까?   46
- 저축할 돈을 먼저 떼어놓자   48
- 월세 살면서 종잣돈 모으기   49
- 하루의 성과를 SNS에 기록하자   50
- 짧은 기간에 끝내자   51
- 투자해서 뭉칫돈 만들기   52

어디론가 새고 있는 보험, 다이어트 하기

- 미래에 받을 보험금의 가치   56
- 우리나라 건강보험제도는 세계 최고 수준   59

▶ PART 1 핵심 정리   66

경제신문 읽기: 최신 트렌드를 파악하자

- 경제 공부는 부자가 되는 필요조건   71
- 무엇을 가지고 경제 공부를 해야 할까?   72
- 신문 정보를 투자에 활용하면 낭패   74
- 사람들의 심리를 파악하는 것이 핵심   75

책 읽기: 부자들의 공통점

- 부자들은 독서광이다   77
- 오랜 기간 사랑받은 책이 좋은 책이다   78
- 6개월 동안 50권 읽기   79

강의 듣기: 전문가에게 배우는 노하우

- 진짜 전문가 vs. 가짜 전문가   86
- 강의 듣기도 투자의 한 종목   88

스터디 그룹 만들기: 함께하면 오래 갈 수 있다

- 너 자신을 알라, 인간은 원래 나태하다   92
- 함께 성장하는 기회를 만들어라   93

시장에 참여하기: 내 돈이 들어가 있어야 관심이 간다

- 시장에 돈을 묻어두자   99
- 상승장의 행운은 독이 든 사과   100
- 하락장이 와도 시장을 떠나면 안 되는 이유   101

기록하기: 성공과 실패 사례를 복기하자

- 투자는 예습이 아니라 복습이다   103
- 개인 블로그 활용하기   105

▶ PART 2 핵심 정리   108

PART 3 **고정소득을 높이면
목표에 더 빨리 갈 수 있다**

내가 받는 월급의 진짜 가치

- 월급 250만 원의 숨은 의미   113
- 고정적으로 생기는 돈의 힘   115

연봉을 상승시켜 고정소득 늘리기

- 아끼는 것만으로는 한계가 있다   119
- 우수사원이 되어 연봉 올리기   121
- 이직해서 연봉 올리기   122

백지장도 맞들면 낫다, 맞벌이

- 둘이 벌면 소득도 2배   127
- 하기 싫고 힘든 일은 떠넘기자   129
- 부모님께 도움을 요청하자   130

블로그로 부업하기

- 왜 블로그가 필수일까?   132
- 블로그로 수익 내기 위한 5단계 실천 방법   135
- 네이버 블로그 vs. 티스토리 블로그   138

온라인 머니 파이프라인 만들기

- 쿠팡 파트너스 활용하기   143
- 유튜브로 온라인 건물주 되기   145
- 온라인 카페 운영하기   146
- 스마트스토어 창업하기   147

나만의 콘텐츠로 브랜딩과 추가 수익까지

- 전자책 판매하기   149
- 종이책 출간하기   151
- 온라인으로 강의하기   153

▶ PART 3 핵심 정리   156

PART 4 부의 사다리에
오르는 실전 투자

투자의 시작은 내 집 마련부터

- 반드시 필요한 청약통장   161
- 작은 실천이 행운을 가져다준다   163
- 레버리지 활용하기   164
- 사회초년생에게 유용한 대출제도   170

신혼집이 어디인가에 따라 자산의 크기가 바뀐다

- 정말 중요한 신혼집의 위치   174
- 내 집 마련은 언제 해야 할까?   177

앞으로도 오르는 내 집 고르는 노하우

- 전세가율 높은 아파트 고르기   180
- 예산 내에서 가급적 비싼 아파트를 사자   182
- 학군 좋은 아파트를 고르자   183
- 상대적으로 저평가된 아파트 찾기   184

내 집 마련 유형별 시나리오

- CASE 1 은행 대출 받아 내 집 마련   188
- CASE 2 가족뱅킹 활용해 내 집 마련   190
- CASE 3 전세 끼고 내 집 마련   192

- CASE 4 청약제도 활용해 내 집 마련 193
- CASE 5 무순위 청약 활용해 내 집 마련 194
- CASE 6 경·공매 활용해 내 집 마련 195

여기저기 기웃거리지 말고 한 우물만 파라

- 대박을 바라면 쪽박 찬다 198
- 부자는 자신의 주 종목이 있다 200

본질을 알아야 투자에 성공한다

- 투자성향 파악하기 203
- 부자들은 직접투자를 한다 208
- 투자는 운칠기삼 210
- 본진이 우선이다 211

▶ PART 4 핵심 정리 216

PART 5 진정한 부를 꿈꾸는 이들에게 하고 싶은 이야기

자산의 크기를 키우는 시세차익 투자

- 시세차익형 투자가 먼저다 221
- 부자는 단기간에 만들어지지 않는다 223
- 난세에 영웅이 난다 225

노동소득을 자동화소득으로

- 소득 절벽을 경험하다   227
- 안정적인 현금흐름을 확보하자   228
- 불로소득이 나쁜 것인가?   230

시간의 자유를 원한다면

- 자녀가 있다면 육아휴직 활용하기   233
- 조기 은퇴의 진정한 의미   236

건강을 잃으면 전부를 잃는 것이다

- 살면서 가장 아찔했던 경험   240
- 건강한 몸에 좋은 정신이 깃든다   242

나만의 진정한 행복 찾기

- 온 가족이 함께한 제주 한 달 살기   245
- 돈의 노예가 되지 말자   247

▶ PART 5 핵심 정리   254

에필로그 행운의 여신은 행동하는 사람에게만 온다   256

PART 1

직장인이
부자가 되는
현실적인 방법

돈의 가치는 하락하고
자산의 가격은 상승한다

나에게 종잣돈 1천만 원이 있어 연 1.5%의 금리를 주는 은행에 10년짜리 예금을 들었다고 가정해보자. 매년 복리로 이자가 붙어 10년 만기가 되면 1,160만 7,254원이 된다. 이자가 160만 원이나 생겼다고 좋아할 일이 아니다. 현재의 1천만 원과 10년 후의 1천만 원은 가치가 다르다.

일반적으로 돈의 가치는 시간이 지남에 따라 하락한다. 그 이유는 바로 인플레이션 때문이다. 인플레이션이란 '통화량의 증가로 화폐의 가치가 하락해 물가가 오르는 현상'을 말한다. 연평균 물가상승률을 2.5%라고 가정하면, 실제 예금액은 매년 -1%(금리 1.5%-물가상승률 2.5%)씩 줄어들게 된다. 즉 매년 1%씩 마이너스가 되어 1천만 원의 10년 뒤 돈의 가치는 904만 3,821원이 된다. 소중한 종잣돈을 은행에 맡겨 수익이 났다고 생각했는데 사실은 96만 원가량 손해를 본 셈이다. 돈을 벌었다는 생각은 착각이었던 것이다.

지금같이 통화량이 늘어난 저성장·저금리 시대에는 돈을 은행에만 넣어두면 돈의 가치가 빠르게 떨어져서 가만히 있어도 돈이 증발해버리는 효과가 나타난다. 그러면 어떻게 해야 소중한 돈을 지킬 수 있을까? 정답은 자산을 가지고 있어야 한다. 자산이란 비싼 차, 시계 같은 사치품이 아니라 주식, 부동산, 주식회사 등과 같이 시간이 지남에 따라 가격이 상승하는 것을 말한다.

우리나라 주식시장(코스피지수 기준)은 10년간 연평균 약 6%씩 상승했으며 미국 주식시장(S&P 500 기준)은 연평균 약 10%씩 성장해왔다. 부동산 가격은 어떨까? 서울 강남구 압구정동 현대 5차아파트는 34평(국민 평수, 전용면적 82m²)이 10년 전 14억 2천만 원에서 2021년 4월 기준 35억 원에 실거래가 되어 연평균 약 9.3%의 상승률을 보인다. 어느 주식, 어느 지역의 부동산을 보유했는지에 따라 자산 가격의 격차가 크게 벌어졌다. 주식(코스피지

수)과 부동산(아파트 가격지수)의 평균상승률만 봐도 모두 물가상 승률 이상으로 가격이 상승했다.

이것이 우리가 현금을 가지고 있어야 하는지, 자산을 가지고 있어야 하는지에 대한 답이 된다. 과거에는 금리가 높았기 때문에 은행의 예·적금 상품만 활용해도 부자가 될 수 있었다. 연 10%가 넘는 상품도 많았으니 저축만 잘해도 부자가 될 수 있었다. 대한 민국은 세계에서 유례없는 급성장을 한 나라다. 그 당시에는 우리 나라가 개발도상국이었기 때문에 이렇게 높은 금리가 가능했다. 하지만 2020년 한국의 GDP는 세계 10위 규모다. 과거처럼 가파 른 성장은 힘들다고 봐야 한다. 고성장 분야에 종사하는 사람이 아니라면 통상적으로 월급은 매년 물가상승률 수준으로 인상되거 나 인상률이 그보다 못한 경우가 대부분이다.

자산을 소유해 인플레이션을 헤지(hedge, 금전적 손실을 막기 위 해 위험을 없애려는 시도)해야 한다. 자산 가격은 역사적으로 장기 우상향했다. 물론 IMF 외환위기, 2008년 미국발 금융위기, 코로나 19 팬데믹처럼 강력한 위기가 닥쳤을 때는 하락했다. 하지만 대부 분의 자산 가격은 원상회복 후 다시 상승하는 모습을 보인다. 재 테크에 성공하고 싶다면 세계적인 투자자 레이 달리오가 한 말을 꼭 기억하자. "Cash is trash. (현금은 쓰레기다.)"

부자가 되는
세 가지 방법

현실적으로 부자가 되는 방법은 세 가지다.

① 금수저를 물고 태어난다.
② 부자인 배우자를 만난다.
③ 투자, 사업을 해서 자산을 형성한다.

1번에 해당된다면 이 책을 읽을 필요가 없어 보인다. 2번에 해당하는 사람도 마찬가지일 것이다. 2번에 성공할 수 있다면 전략적으로(?) 도전해보는 것도 인생을 역전할 수 있는 하나의 방법이다. 그런데 이미 결혼했거나 부자 배우자를 만나지 못한다면 결국 투자나 사업을 해서 자산을 형성해야 한다. 사업 같은 경우에는 번뜩이는 아이디어가 있고 CEO 기질이 있다면 가장 빠르게 부자가 되는 방법이다. 주변을 둘러보자. 부자는 대부분 사업을 함으로써 부를 이룬 사람들이다.

직장인이라면 매달 받는 급여와 부업을 통해 종잣돈을 만들고 투자로 자산을 형성해야 한다. 일반적으로 직장인이 부자가 되지 못하는 이유는 노동소득이 전부이기 때문이다. 직접 일을 하지 않으면 소득이 없다. 만약에 몸이 아파서 직장을 다닐 수 없다면, 나

월급은 적지만 부자는 되고 싶어

이가 많다고 회사에서 나가라고 한다면 어떻게 해야 할까? 앞이 캄캄할 것이다. 그런 날이 오기 전에 회사만 믿지 말고 지금부터 준비하자. 부자가 되려면 재테크는 필수다.

부의 방정식, 부자가 되는 데는 이유가 있다

부자가 된 사람들에게는 다 이유가 있다. 부자가 되고 싶다면 부자에 대해 알아야 한다. 부자가 된 사람들은 어떤 생각을 하고 어떻게 해서 부자가 되었을까? 부자들의 인터뷰, 강의, 책을 보며 간접적으로 체험하고 그들의 성공 비결을 연구해보았다. 그들에게는 공통점이 있었다. 그 공통점을 모아서 만든 부의 방정식을 소개한다.

부의 방정식 = ① 방향성 × ② 시간 × ③ 노동(나+돈)

부의 방정식에 대해 자세히 알아보자. 첫 번째는 방향성이다. 처음에 어떤 방향성을 설정했는지에 따라 아무리 열심히 노력해도 '부'와는 거리가 멀어질 수 있다. 현실을 정확히 파악하고 목표를 설정하는 것이 방향성을 세우는 시작이다. 자기가 직접 공부하지 않고 전문가에게 의지하거나 유언비어를 듣고 투자하는 것이 잘못된 방향성이다. 부를 이루고 싶어서 투자를 한다고 가정해보자. 잘못된 투자 방법을 고수한다면 아무리 시간과 노동을 들여도 '－(마이너스)'가 날 것이다. 올바른 투자 방법을 시행한다면 자산은 '＋(플러스)'가 된다. 시작은 방향성이다. 초보자라면 방향성을 올바로 설정하는 것이 가장 중요하다. 방향성이 잘못되면 아무리 오랜 시간 노동이나 투자를 해도 부자가 될 수 없다.

두 번째는 시간이다. 시간의 의미는 두 가지로 나눌 수 있다. 첫 번째는 몰입하고 집중하는 시간을 말한다. 두 번째는 우리가 흔히 생각하는 그 시간이다. 가만히 있어도 흘러가는 시간 말이다. 진짜 부자가 되려면 두 가지 의미의 시간이 다 필요하다. 부자들을 살펴보면 대개 근면 성실하다. 몰입할 때는 아무것도 쳐다보지 않고 저돌적으로 집중한다. 놀고 싶은 대로 다 놀아서는 몰입하는 시간을 확보할 수 없다. 부를 이룰 때까지 필요 없는 일은 모두 제거해야 한다. 중요하지 않은 친구와의 만남, 비공식적인 회사의 술자리 등 불필요한 약속은 과감히 취소하자. 집중하고 몰입하는 시간이 확보되지 않고는 성공할 수 없다. 몰입하는 시간은 남는 시간을 활용하는 것이 아니다. 불필요한 일정을 제거해서 없던 시간을 만들어내는 것이다. 부자들은 이렇게 몰입하는 시간을 최대한 먼저 확보한다.

확률적으로 정말 큰 부자는 젊은 부자보다 나이 많은 부자가

월급은 적지만 부자는 되고 싶어

많다. 그 이유는 투자는 장기 투자일수록 수익률이 높아지기 때문이다. 기간이 늘어날수록 복리 효과로 인해 투자금이 1배, 2배, 4배, 8배, 16배, 32배, 64배, …, 이런 방식으로 기하급수적으로 늘어나게 된다. 진짜 큰돈을 번 사람은 그 시장에서 오랜 기간 장기 투자한 사람이다. 주식이든 부동산이든 시간이 길어질수록 수익률이 눈덩이처럼 커진다. 단번에 벼락부자가 되는 방법은 없다. 매일 부자가 되기 위해 몰입하고 집중하는 시간을 최대한 확보해 그 기간을 오래 유지해야 부자가 될 수 있다.

세 번째는 노동(나+돈)이다. 노동은 '나'의 노동과 돈의 노동으로 나누어진다. 여기서 '노동(나)'는 내가 직접 일하는 것을 말하고 '노동(돈)'은 돈이 나를 대신해서 일하는 것을 말한다. 노동의 효율을 극대화하려면 먼저 내가 버는 소득을 올려야 한다. 내가 버는 소득을 올리는 방법은 몸값을 올리는 방법과 부업을 통해 수입을 올리는 두 가지 방법이 있다. 이 방법에 관해서는 PART 3에서 자세히 설명하겠다.

분신술을 써서 몸을 10개 가지고 있으면 같은 시간 동안에 10배의 돈을 벌 수 있다. 하지만 몸은 하나다. 그래서 진짜 중요한 것은 내가 아닌 돈이 일하게 하는 것이다. 부자가 된 사람들은 '돈이 일하게 하는 방법'을 잘 활용한 사람들이다. 돈이 일하게 한다는 것은 가격이 상승할 수 있는 자산을 소유해야 한다는 뜻이다. 여기서 자산은 역사적으로 보았을 때 장기적으로 우상향했던 것들을 말한다. 가장 크게는 법인체(회사), 주식, 부동산 세 가지다. 이런 자산을 여러 개 가지고 있으면 내가 일하지 않아도 돈이 돈을 벌어다준다. 이런 자산은 10개도 100개도 가지고 있을 수 있으며, 나의 분신이 되어 나를 위해 일하고 나를 부자로 만들어준다. 가난한 사람과 부자의 차이는 바로 여기서 발생한다. 대부분의 가난한 사람은 혼자 일하지만, 부자는 본인도 일하고 수많은 분신들에게도 일을 시킨다.

월급의
구조적인 한계

과거를 돌아보았을 때 가장 기뻤던 순간을 꼽으라면 대학교 합격자 발표일과 회사에서 합격 통지를 받은 날이 떠오른다. 합격 통지를 받고 기뻐서 소리를 질렀던 기억이 생생하다. 대학교 입학은 초등학교부터 시작된 장장 12년의 결과이자 인생의 1차 전환점이다. 회사 입사는 학생에서 당당히 사회의 일원이 되는 신성한 순간이며 인생의 2차 전환점이다. 학창 시절에는 대학만 가면 모든 것이 해결될 것 같았고 대학 때는 취업만 하면 인생이 필 것 같았다. 하지만 다시 생각해보면 그 모든 순간은 항상 끝이 아니라 시작이었다. 대학생의 시작, 직장인의 시작, 결혼하면 남편의 시작, 출산하면 부모의 시작, 인생은 끝이 없는 시작이다.

대기업에 입사하면 경제적인 문제만큼은 졸업할 수 있다고 생각했다. 하지만 큰 오산이었다. 회사에서 성공하기 위해, 인정받기 위해 치열하게 노력했다. 아침 7시에 출근해 밤 11시, 12까지 일했다. 업무에 필요한 사내 자격증, 사외 전문 자격증도 취득했다. 힘들었지만 정장 가슴팍에 달린 회사 배지와 내 이름 석 자가 적힌 대기업 명함이 자랑스러웠다. 대기업에 다닌다고 하면 주변에서 부러워하는 눈치였다. 어깨에 뽕이 엄청나게 들어가고 회사 생활은 힘들어도 '대기업 사원이라는 환상'에 젖어 버틸 수 있었다. 시간이 지날수록 내가 받는 월급은 딱 생계를 유지하고 다른 사람들보다 약간의 여유를 부릴 수 있는 정도라는 것을 깨닫게 되었다. 집을 사려고 서울 변두리의 집값을 알아보니 연봉을 하나도 쓰지 않고 10년을 모아야 했다. 월급만으로는 도저히 답이 나오질 않았다. 그래서 자본주의에 관해 공부하기 시작했다.

자본주의를 공부하면서 알게 된 점이 있다. 회사는 직원들에게 딱 그만두지 않을 정도로만 돈을 주고, 시간이 지나 월급이 많아지는 고위 직급이 되면 언제든지 회사에서 내보낼 수 있게 '계약직(임원)'으로 전환한다는 것이다. 이것이 부당하다고 생각하면 직장인의 마인드다. 자신이 기업의 대표이사라고 생각해보자. 기업의 대표이사는 회사를 운영하면서 필요경비를 제외하고 순이익을 최대한 내야 한다. 직원들에게 주는 급여는 회사를 운영하는 경비이기에 최소한으로 하는 것이 당연하다. 그렇다면 직원이 회사를 나가지 않을 정도가 타당하다.

회사가 그 분야의 1등 기업이면 2등 기업의 급여보다 조금 많게, 2등 기업이면 3등 기업의 급여보다 조금 많이 주는 것이 합당하다. 이것이 자본주의적인 생각이다. 기업은 이윤의 극대화가 최대 목적이자 목표다. 이렇게 말하면 다소 극단적이지만 직원은 회사라는 큰 시스템 속에서 돌고 도는 부속품 중 하나일 뿐이다. 이 자본주의 사회에서 자신의 위치와 현실을 깨닫는 것이 직장인이 부를 이룰 수 있는 시작이다. 자본주의 사회에서 직장인의 마인드가 아닌 대표이사의 마인드로 세상을 봐야 한다. 직장인 마인드로는 절대 부자가 될 수 없다.

직장인의 꽃, 임원

임원이 되면 고액 연봉을 주고 운전기사가 딸린 법인차량도 제공한다. 신입사원 때는 그런 임원이 엄청 부러웠다. 실제로 임원이 되고 싶어 『삼성의 임원은 어떻게 일하는가』『삼성의 CEO들은 무엇을 공부하는가』 등 실제 임원의 성공 사례가 담긴 책을 읽으며 임원이 되기를 꿈꾸었다.

　직장인의 꽃이라고 불리는 임원이 되려면 어떻게 해야 할까? 회사에서 최소 20년 이상을 일해야 하고 그 기간 동안 특별한 문제없이 성과를 계속해서 내야 한다. 성과를 내지 않고 임원이 되려면 오너 일가의 친척이거나 유력한 정치인이나 고위 정부 관료 같은 든든한 뒷배가 있는 사람이어야 한다. 보통 임원은 업무 성과가 '상' 이상인 부서장 중에서 회사에 대한 충성심이 가득한 사람이 된다. 여기서 핵심은 회사에 대한 '충성심'이다. 충성심은 마음만 있어서는 안 된다. 가족보다 일이 먼저가 되어야 하고 개인생활보다 회사가 먼저여야 한다. 즉 회사에 시간을 오롯이 쏟아부어야 한다. 매일 새벽 5시에 출근하고 토요일에도 회사에 나와 임원이 되었다는 이야기가 심심치 않게 들리는 이유도 여기에 있다. 아무리 성과가 좋은 사람도 회사에 대한 충성심이 없는 사람은 임원이 될 수가 없다.

　일을 할 때는 주인의식을 가지고 대표이사 마인드로 회사생활을 해야 한다. 내가 회사의 대표라면 어떤 사람을 임원으로 뽑을지 생각해보면 답이 나온다. 최소한 수십 년 동안 꾸준히 성과를 내고 회사에 대한 충성심도 있으면 임원이 될 수 있다는 것이다. 그러나 임원이 되는 것만으로 경제적 자유를 이루었다고 하기에

　　　　　　　　월급은 적지만 부자는 되고 싶어

는 부족하다. 왜냐하면 반쪽짜리 경제적 자유이기 때문이다. 앞서 이야기한 부의 방정식을 다시 상기해보자.

부의 방정식 = ① 방향성 × ② 시간 × ③ 노동(나 + 돈)

임원이 되는 것은 '노동(나)'의 몸값을 최대한 높이는 방법이다. 임원도 결국은 돈이 일하게 하는 자산을 가지지 않으면 부자가 아니다. 임원으로 부자가 되려면 상장한 대기업의 등기임원 정도는 되어야 한다. 등기임원의 경우 '노동(돈)'에 해당하는 우리사주(회사의 주식)를 받거나 매년 수억 원에서 수십억 원까지 고액 연봉을 받는다. 내가 다니는 회사가 중소기업이거나 대기업 중에서도 하위 계열사이면 이 정도 금액을 받을 일도 없다. 초급 임원인 상무로 승진해도 계약직으로 2년 정도 있다가 퇴직하면 말년에 2억~3억 원 정도의 연봉을 받는 수준이다.

게다가 99.9%의 직원은 등기임원이 되지 못한다. 네이버에 '임원이 될 확률'을 검색해보면 쉽게 알 수 있다. 현실을 직시하자. 통계적으로 대기업 직원이 임원(상무 이상)이 될 확률은 0.8% 정도이고 그마저도 2년 계약직이다. 성과를 내면 2년마다 승진하지만 성과를 못 내면 집에 바로 가야 한다. 임원은 상무, 전무, 부사장, 사장순이다. 최소 부사장(등기임원) 이상은 되어야 금전적으로 여유로운 부자의 삶을 산다고 할 수 있다. 본인이 여기에 속할 확률을 생각해보자. 회사생활을 하는 동안 한 번만 삐끗해도 되기 힘든 게 임원이다. 회사에는 잘난 사람도 많고 절대적인 경쟁자의 수가 너무 많다.

그럼 임원이 되기 힘드니까 회사생활을 대충대충 하면 될까? 나는 회사에서 일하는 업무시간에는 신입사원의 마음으로, 임원이 되겠다는 자세로 일한다. 하지만 내 목표가 임원이 되는 것은 아니다. 궁극적인 목표는 '경제적 자유를 이루는 것'이다. 경제적 자유를 이루기 위한 수단으로 회사를 이용한다. 회사에서 몸값을 높이려고 노력한다. 임원을 시켜주면 당연히 할 것이다. 내가 강조하고 싶은 점은 임원이라는 매우 희박한 가능성에 기대어 직장에 전부를 쏟아붓지 말고 오히려 회사를 적절히 활용해 부자가 되는 데 이용하자는 것이다.

월급은 적지만 부자는 되고 싶어

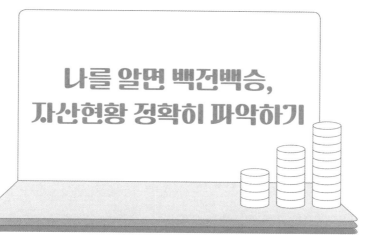

재무상태표
만들기

재테크 초보자라면 자산이 거의 없을 것이다. 자산은커녕 학자금대출 등 빚이라도 없으면 다행이다. 부를 이루고 싶다면 자신의 현재 상태를 정확히 파악해야 한다. '가진 자산이 없는데 무슨 재무상태표를 만들어?'라고 생각할 수도 있지만, 그럴수록 더더욱 재무상태표를 꼭 만들고 관리해야 한다. 그래야 앞으로의 계획을 구체적으로 세울 수 있기 때문이다.

재무상태표를 만들고 관리하는 데 도움이 되는 책으로 사경인 회계사의 『진짜 부자 가짜 부자』를 권하고 싶다. 많은 재테크 책에서 다루고 있는 재무상태표에 대해 가장 자세하고 쉽게 설명한 책이다.

아마 한 번쯤은 들어봤을 것이라 생각하지만, 자산의 개념부터 짚고 넘어가겠다.

자산 = 순자산 + 부채

자산은 순자산과 부채의 합이다. 즉 내가 가진 순자산과 부채를 정확히 파악해야 자산의 규모를 알 수 있다. 예를 들어 5억 원짜리 아파트를 가지고 있는데 대출이 3억 원 있다면 순자산은 2억 원인 것이다.

부자가 되는 방법은 간단하다. 순자산을 늘리는 데 집중하면 된다. 순자산을 늘리려고 레버리지(부채)를 활용하는 것은 괜찮다. 부채에는 좋은 부채와 나쁜 부채가 있는데, 순자산을 늘리기 위한 레버리지는 좋은 부채에 속한다. 나쁜 부채는 단순히 소비를 위해 받는 대출을 말한다. 가령 자동차나 명품 가방을 사기 위해 받은 신용대출은 몹시 나쁜 부채다. 자산이 아닌 사치품은 시간이 지날수록 감가상각만 되고 자산을 늘려주지는 않는다.

자산과 순자산의 개념을 알았다면 첫 번째로 할 일은 자신의

월급은 적지만 부자는 되고 싶어

재무상태표 예시			
	구분	**종류**	**금액**
자산	저축	주택청약	300만 원
	주식	○○자동차	500만 원
	부동산	A지역 ○○아파트	2억 5천만 원
	자동차	중형세단	3천만 원
총 자산			**2억 8,800만 원**

	구분	**종류**	**금액**
부채	대출	주택담보대출	1억 원
	대출	신용대출	3천만 원
	대출	학자금대출	1,500만 원
	신용카드	○○카드	250만 원
총 부채			**1억 4,750만 원**

재무상태표를 만드는 일이다. 최대한 간편하고 단순하게 만드는 것이 좋다. 재무상태표 예시와 같이 자산과 부채 목록을 적고 금액을 적는다. 저축 예금은 현재 잔액으로, 주식은 조사 시점의 현재 가액으로, 부동산은 KB부동산 시세(중위 평균값)를 적용할 것을 추천한다. 자산 가격은 최대한 보수적으로 산정하는 것이 좋다. 이제 표 내용을 바탕으로 순자산을 계산해보자.

순자산 = 자산 − 부채

순자산은 자산에서 부채를 뺀 값이므로 1억 4,050만 원(2억 8,800만 원-1억 4,750만 원)이다. 여기서 단순히 순자산이 얼마인지가 중요한 게 아니라 나의 자산이 어떻게 변하고 있는지 파악하는 것이 중요하다. 매월 순자산의 변동을 표로 만들어 자산 가격의 변동 추이를 보면 방향성을 잡을 수 있다. 그렇다면 재무상태표를 만들어야 하는 두 가지 이유를 알아보자.

첫 번째는 매달 내가 가진 순자산이 늘어나는지 줄어드는지 파악하는 데 그 목적이 있다. 부의 방정식에서 설명한 것과 같이 올바른 방향성을 가지고 있다면 순자산은 매달 증가하고 있어야 한다. 순자산이 매달 하락하고 있다면 어딘가에 분명히 문제가 발생한 것이다.

두 번째 이유는 내가 가진 자산에서 계속 유지해야 할 자산과 버려야 할 자산을 구분하기 위함이다. 매달 재무상태표를 만들어 관리하다 보면 가격이 오르는 자산, 가격이 오르락내리락하는 자산, 하락하기만 하는 자산이 보일 것이다. 재무상태표를 통해 보유 자산의 가격 변동을 직관적으로 판단할 수 있기 때문에 보유할 자산과 버릴 자산을 구분할 수 있다.

A라는 기업의 주식을 샀는데 매달 가격이 내려가고 해당 산업 전망이 갈수록 하향한다고 하면 과감히 처분해야 한다. 가치 투자를 한다며 무조건 장기적으로 들고 있다고 해서 주가가 올라가지는 않는다. 예를 들어 조선주를 가치 투자 기업이라고 해서

과거 10년 동안 보유하고 있었으면 내가 가진 주식의 평가액은 1/5로 줄어들었을 것이다. 주식은 특히 변동성이 큰 자산이기 때문에 나를 큰 부자로 만들어줄 수도 있지만, 자산의 큰 하락을 가져올 수도 있으니 주의해야 한다.

모든 자산은 변동성이 있다. 가치가 오르기도 하고 내리기도 하는 것이 정상이다. 그런데 자동차 같은 자산의 가격은 계속해서 내려가기만 한다. 재무상태표를 만들어 자산 가격의 추이를 보면 자산이라고 믿었던 자동차는 부채임을 깨닫게 된다. 신용대출을 받아 자동차를 구매했다고 하면 부채상태표에 3천만 원은 그대로인데 매년 자동차 자산의 가격은 10% 이상씩 줄어들기만 할 것이다.

『존 리의 부자 되기 습관』의 저자인 존 리 대표가 방송에 나와서 자동차를 절대 사지 말고 대중교통을 이용하라고 하는 이유가 여기에 있다. 세계적인 부자 워런 버핏도 고급 슈퍼카를 탈 것 같지만 저렴한 자동차를 타고 있고 자동차 살 돈으로 우량주식에 투자할 것을 권하고 있다. 본인이 절실히 느끼지 못하면 변화도 없다. 매월 1일에는 재무상태표를 업데이트해보자. 재무상태표를 보며 순자산을 늘리기 위해 더욱더 공부하고 노력하고 있는 자신을 발견하게 될 것이다.

현금흐름표 만들기

재무상태표가 자산의 변화를 기재하는 것이라면, 현금흐름표는 매달 수입으로 버는 돈과 지출로 나가는 돈의 흐름을 나타낸 표를 말한다. 가계부의 업그레이드 버전이 현금흐름표다. 매달 1천만 원을 벌어도 1,100만 원을 지출하면 매달 -100만 원이 된다. 현금흐름(cash flow)이 '+'가 되지 않으면 절대로 부자가 될 수 없다. 현금흐름표를 만드는 이유는 지출을 최대한 줄이고 매월 버

현금흐름표 예시			
	구분	**종류**	**금액**
수입	노동(나)	회사 월급	300만 원
	노동(나)	블로그 광고수익	30만 원
	노동(돈)*	주식 배당수익	15만 원
	노동(돈)*	부동산 월세수익	100만 원
총수입			**445만 원**

	구분	**종류**	**금액**
지출	신용카드	○○카드	150만 원
	지역사랑카드	○○카드	50만 원
	보험료(보장성)	○○보험	15만 원
	현금 사용	현금영수증	50만 원
총지출			**265만 원**

월급은 적지만 부자는 되고 싶어

는 수입은 극대화하기 위함이다.

수입 항목은 부의 방정식에서 이야기한 것처럼, 일해서 수입을 얻는 '노동(나)'인지 돈이 나를 위해서 일하는 '노동(돈)'인지를 구분해야 한다. 재테크에 관심이 없었던 초보자라면 '노동(나)'만 있는 것이 정상이다. 부자가 되려면 '노동(나)'의 소득을 극대화해서 종잣돈을 모으고 투자를 해야 한다. 시간이 지나면서 노동(돈)의 크기가 점점 더 커지고 결국 '노동(돈) > 노동(나)' 상태가 되면 경제적 자유를 누릴 수 있게 된다.

현금흐름표를 만들 때는 가계부 적듯이 세부 항목을 적지 말고 총지출 금액을 적는 것을 추천한다. 요즘에는 재무상태표와 현금흐름표를 관리해주는 모바일 앱도 많이 있는데, 그중에서도 뱅크샐러드를 추천한다. 은행, 증권사, 보험사, 카드사와 연동할 수 있어 앱 하나로 자산의 현재 평가액과 수입, 지출을 관리할 수 있다. 이렇게 각 금융회사를 연동해놓으면 현금흐름표를 만드는 시간을 획기적으로 줄일 수 있다.

목표를 구체적이고
명확하게 세워야 한다

재테크를 시작하기 전에 먼저 구체적인 로드맵을 만드는 과정
이 필요하다. 구체적인 목표가 있어야 중도에 포기하지 않을 수
있다. 목표를 항상 상기시키기 위해 비전보드(vision board)를 만
들어 방에서 가장 잘 보이는 곳에 붙여두면 좋다. 비전보드란, 삶
에서 꼭 이루길 바라는 최종 목표를 시각화한 것을 말한다. 비전
보드는 시각적 노출을 통해 목적을 성취하고자 동기 부여하는 데

월급은 적지만 부자는 되고 싶어

그 목적이 있다. 누군가 나에게 어떤 인생을 살고 싶은지 물었을 때 바로 답할 수 없다면 자신만의 명확한 목표가 없는 것이다.

자신의 삶을 행복하게 해줄 목표를 설정했다면, 이를 달성할 수 있는 구체적인 계획을 함께 세워야 한다. 비전보드와 구체적인 실천 전략을 세울 때는 단기, 중기, 장기로 나누어 설정한다. 장기 목표는 달성하기 전까지는 변경하면 안 된다. 다만 단기 목표는 상황에 맞게 적절하게 조정해 장기 목표를 달성할 수 있도록 해야 한다. 나는 비전보드에 궁극적인 다섯 가지 목표를 설정했는데, 다음 비전보드 예시를 참고하면 이해가 빠를 것이다.

~~~~~~~~~~~~~~~~~~~~~~~~~~~~~~~~~~~~~~

비전보드 예시(장기)

1. 건강하게 살기
- 운동을 즐기기
- 금주

2. 가족과 함께하는 삶
- 여행 다니기
- 대화로 소통하기

3. 선한 영향력 전파하기
- 매사에 긍정적인 자세로 임하기

- 나의 지식을 공유하기

4. 경제적 자유
- 순자산 50억 원(부동산 30억 원, 금융자산 20억 원)
- '노동(돈) > 노동(나)'가 되는 수익구조 만들기

5. 시간적 자유
- 시간을 주도하는 삶
- 원할 때만 일하는 자동화 시스템 만들기

단기 목표는 매월 실행할 수 있는 구체적인 방안을 말한다. 경제적 자유를 이루기 위한 단기 목표의 예를 들어보면 노동소득의 30% 저축하기, 한 달에 재테크 책 10권 읽기, 부동산 임장 한 달에 5회 가기, 한 달에 5개 회사의 재무제표 분석하기, 투자할 회사의 경쟁사 분석하기 같은 것이라 할 수 있겠다.

중기 목표는 연 단위 목표를 말한다. 부동산 1개 매수하기, 주식 투자 평균수익률 10% 달성하기 등이 될 수 있겠다. 매주, 매일 단위로 목표를 세우라는 사람도 있다. 하지만 이렇게 너무 세분화하면 정작 실행해야 할 시간에 계획만 세우게 될 수 있다. 매년, 매월 단위의 목표를 설정하고 피드백하며 지켜나가면 충분하다. 다만 최소한 매주 목표 달성 진척도를 기록할 필요는 있다.

월급은 적지만 부자는 되고 싶어

비전보드 예시(단기)

1. 건강하게 살기
- 주 5회 이상 달리기 1시간
- 주 3회 이상 웨이트 트레이닝 30분

2. 가족과 함께하는 삶
- 한 달에 1회 이상 가족여행
- 한 달에 10회 이상 자녀에게 책 읽어주기

3. 선한 영향력 전파하기
- 한 달에 20회 블로그 포스팅(온라인)
- 한 달에 5권 자기계발서 읽고 주변에 알려주기(오프라인)

4. 경제적 자유
- 한 달에 5회 이상 임장하러 가기
- 한 달에 5개 회사 재무제표 분석하기

5. 시간적 자유
- 한 달에 20회 미라클 모닝
- 자동화 수익 월 50만 원 달성하기

방향성이
가장 중요하다

비전보드를 만들었다는 것은 내가 가고자 하는 인생의 목적지를 설정했다는 것이다. 목적지에 빠르게 도착하려면 어떻게 해야 할까? 서울에서 부산까지 가는 방법이 몇 가지나 있을지 한번 생각해보자. 걸어가는 방법, 차를 타고 가는 방법, 버스를 타는 방법, 기차를 타는 방법, 비행기를 타는 방법 등 여러 가지 경우의 수가 나올 것이다. 그중에서 어떤 방법을 선택하는지에 따라 빠르게 도착할 수도 있고 몇 배의 시간이 더 걸릴 수도 있다.

우리가 도달하려고 하는 인생의 목적지에 빠르게 도착하려면 정확한 방향성을 가져야 하는 이유가 여기에 있다. 목표를 달성하기 위해 매월 계획을 세우고 실천하는 것이 올바른 방향성을 가지는 길이다. 목표 달성 과정 중 중도에 잠시 멈추더라도 명확한 목표가 있으면 다시 시작할 수 있는 계기가 된다.

다만 초보자는 무엇이 올바른 방향인지 알기 어렵다. 방향성을 올바르게 설정하기에 가장 좋은 방법은 멘토를 두는 것이다. 자신이 추구하는 비전과 같거나 비슷한 인생을 사는 멘토를 만들면 시행착오를 최소화할 수 있다. 성공한 인생을 사는 멘토는 수많은 성공과 실패를 겪었을 것이다. 멘토가 과거에 어떤 목표와 계획을 가지고 살아왔는지, 현재는 어떤 인생을 살고 있는지를 보면 자신이 무엇을 해야 할지 알 수 있다. 쉽게 말해 멘토의 발자취를 그대로 따라 하면 된다.

많은 책을 읽고, 강의를 듣다 보면 자신이 추구하는 삶을 먼저 살고 있는 사람이 반드시 있을 것이다. 나는 멘토에 대해 알기 위해 그분이 집필한 책, 강의, 블로그, 카페 작성 글, 인스타그램, 페이스북 등 찾아볼 수 있는 정보는 다 찾아보고, 그 사람의 인생을 분석한 내용을 바탕으로 실천계획을 수립했다. 사람마다 원하는 삶이 다르고 멘토들의 삶도 다르다. 자신이 어떤 인생을 살고 싶은지에 따라 실천계획도 달라짐을 명심하자. 다시 한번 말하지만 초보자는 자신만의 멘토를 찾아 따라 하는 것이 가장 쉽게 올바른 방향성을 가지는 길이다. 초보자가 실패하는 가장 큰 이유는 방향성을 잘못 설정해서다.

종잣돈은
왜 필요할까?

종잣돈은 씨앗이다. 밭에다 씨를 뿌리지도 않고 농작물이 자랄 수 있을까? 재테크를 하는 데 종잣돈이 꼭 필요한 이유다. 여러 자산에 종잣돈을 뿌려놓으면 시간이 지남에 따라 자산들이 무럭무럭 자란다. 재테크 책이나 투자 강의에서 하나같이 종잣돈부터 모으라고 하는 이유가 여기에 있다. 종잣돈의 사전적 의미는 '어떤 돈의 일부를 떼어 일정 기간 모은 것' '더 나은 투자나 구매를 위

월급은 적지만 부자는 되고 싶어

해 밑천이 되는 돈'이다. 부동산이든 주식이든 투자를 하려면 최소한의 자금이 있어야 하는데 그것이 바로 종잣돈이다. 통상적으로 3천만 원 정도의 금액을 최소한의 씨앗 종잣돈이라고 본다.

종잣돈을 모으는 데는 적금이 최고다. 금리가 조금 낮더라도 가장 확실한 방법이다. 부자가 된 사람들도 처음에는 모두 종잣돈을 모으는 과정을 겪었다. 나도 처음에는 투자에 무지했기 때문에 할 수 있는 게 적금뿐이었다. 그래서 다행히 애먼 데 투자하지 않고 적금으로 종잣돈을 만들게 되었다. 신입사원 때 월급 통장을 만들러 은행에 갔다가 은행원의 권유에 못 이겨서 만든 재형저축 통장이 종잣돈을 만드는 데 생각보다 큰 도움이 되었다. 재형저축은 만기 10년의 적립식 저축상품으로, 일반 상품에 비해 고금리를 제공해주었으나 현재는 상품이 없어져서 가입은 하지 못한다. 은행별로 공격적인 마케팅을 할 때 가입하면 고금리를 주는 적금을 손품을 들여 충분히 찾을 수 있다. 신협이나 새마을금고는 지역별로 특판상품을 판매하는데, 시중은행보다 훨씬 더 높은 금리를 주는 경우가 있으니 홈페이지에 들어가서 금리를 비교해보고 가입할 것을 강력히 추천한다.

종잣돈을 모으는 이유를 다시 한번 생각해보자. 부자가 되고 싶으면 돈을 많이 벌거나 돈을 불리면 된다. 그런데 돈을 갑자기 많이 벌기는 현실적으로 어렵다. 수입이 갑작스럽게 2배, 3배 늘어나기는 힘들기 때문이다. 결국 돈을 불려야 하는데, 돈을 불리는 시작점이 종잣돈이다. 투자의 귀재 워런 버핏이 이야기하는 '스노볼 효과'에 대해 한 번쯤은 들어본 적이 있을 것이다.

눈사람을 만들 때를 생각해보자. 조그만 눈덩이를 단단하게 뭉쳐서 굴리면 어느새 큰 눈덩이가 된다. 시간이 지날수록 눈덩이가 커지는 속도는 기하급수적으로 빨라진다. 작은 눈덩이가 없으면 당연히 큰 눈덩이도 없다. 여기서 작고 단단한 눈덩이가 바로 종잣돈이다. 종잣돈을 최대한 빨리 만들어서 복리의 효과를 누릴 수 있도록 굴리는 것이 핵심이다. 종잣돈을 모을 때는 부모님께 빌리거나 은행에서 대출을 받지 말고 꼭 아끼고 절약해서 모아보길 바란다. 힘들게 직접 모은 돈이 값지다는 것을 스스로 깨달아야 돈의 소중함을 알 수 있다. 아끼고 절약하는 습관이 부자가 되는 첫걸음이다. 꼭 명심하자.

저축할 돈을 먼저 떼어놓자

선적금 후지출을 하자. 재테크 카페나 책을 보면 가계부를 쓰라는 경우가 많다. 카드명세서를 보고 줄일 수 있는 항목을 찾아 소비를 억제하라고 한다. 사람마다 다르겠지만 나는 이 방법을 별로 추천하지 않는다. 개별 항목을 아끼려고 하면 스트레스를 받고 스스로 너무 좀스러워지는 것 같아서 선호하지 않는 편이다. 차라리 월수입에서 고정적으로 나가야 할 월세, 보험료, 공과금 등 고정지출을 제외하고 강제 적금을 들 것을 추천한다. 소비를 억제하고 통제해서 줄이는 것이 아니고 쓰기 전에 돈을 분리해야 한다는 것이다. 강제 적금을 들고 남은 돈으로 생활하자. 신용카드는 과감히 가위로 자르고 체크카드를 쓰자. 그러면 비싼 음식을 먹고 싶어도 못 먹고 쇼핑을 하고 싶어도 통장에 잔액이 없어서 못 한다. 사용할 돈이 없으면 자연스럽게 짠돌이가 되고 돈이 모인다.

월세 살면서 종잣돈 모으기

간혹 월 급여가 매우 적거나 부득이한 사정으로 저축할 수 있는 금액이 적은 경우가 있다. 이런 경우에는 만일 전세를 살고 있다면 과감히 월세로 전환한 후 전세금을 활용하는 것도 종잣돈을 빨리 만드는 방법일 수 있다. 하지만 이 방법은 조금 신중해야 한다. 혹시라도 리스크가 너무 큰 투자에 전 재산인 전세금을 넣었다가 손실이 나면 회복이 힘들다. 투자라는 것이 자신의 마음처럼 되지 않기에 돈이 잘못 묶이면 자금이 회수되는 데 2년이 걸릴지 3년이 걸릴지 아무도 모른다. 그렇기에 전세금을 활용한 투자는 자신이 일정 수준의 실력을 갖춘 다음에 해야 한다.

요즘 신혼부부들은 신혼집을 구축 아파트로 마련하지 않으려고 한다. 전세가격이 비싸도 신축 아파트를 선호한다. 신축 아파트 전세로 몇억 원씩 내고 살면서도 투자할 돈이 없다고 한다. 몇억 하는 전셋집을 빼서 구축 아파트 또는 빌라 월세로 이사하면 당장 삶의 질은 떨어져도 4~5년 이후에는 오히려 전세를 살던 신축 아파트의 집주인이 될 수도 있다. 핵심은 내가 깔고 앉아 있는 돈을 최대한 활용하자는 것이다. 전세금을 받은 집주인들은 무이자 차입금인 세입자의 전세금을 활용해 다른 자산에 투자해서 부자가 되고 있다는 점을 기억하자.

하루의 성과를 SNS에 기록하자

나 혼자만 열심히 하면 되지, 귀찮게 SNS나 주변 사람에게 알리라고 하는 이유가 무엇일까? 작심삼일이란 말은 너무나도 많이 들어왔던 말이고 평생 살아오면서 몸소 실천하고 있을 것이다. 새해가 되면 다이어트, 운동, 영어 공부 등 원대한 목표를 꿈꾸지만 현실은 어땠는가? 결국은 작심삼일이 된 경우가 많았을 것이다. 나도 마찬가지다.

그럼 이 작심삼일을 작심십일, 작심백일이 되게 하려면 어떻게 해야 할까? 가장 좋은 방법은 기록을 공유하는 것이다. 단체 카카오톡방도 좋고, 블로그도 좋고, 인스타그램도 좋다. 하루의 성과를 기록하면 다른 사람들이 보고 있다는 생각에 조금 더 열심히 꾸준히 하게 되는 효과가 있다. 설사 실패하더라도 창피해서 다시 시작하게 된다. 가족에게 이야기하고 주변 사람들에게 성과를 공유해보자. 목표를 지키기 위해 고군분투하고 있는 자신을 발견하게 될 것이다.

짧은 기간에 끝내자

종잣돈을 모을 때 주의해야 할 점은 최대한 단기간에 모아야 한다는 것이다. 종잣돈만 3년, 4년씩 모으고 있으면 성과는 없이 힘든 삶을 살아야 하므로 금방 지치게 된다. 적어도 2년 안에는 종잣돈 모으기를 마무리하고 다음 단계로 넘어갈 준비를 해야 한다.

종잣돈 모으는 기간이 길어질수록 부자가 되기까지 걸리는 시간도 길어진다. 재테크는 시간과의 싸움이다. 최대한 빠르게 종잣돈을 모으고 여러 자산에 씨앗을 뿌려야 한다. 나는 신혼 때 맞벌이를 했는데 아침 일찍 출근해서 저녁 늦게까지 일하는 것이 일상이었다. 나와 아내 모두 집에 오면 녹초가 되어 잠자기 바빴다. 주말에는 너무 고단해 집에서 쉬는 것이 전부였다. 돈을 쓸 시간이 없으니 자연스럽게 1년 동안 종잣돈을 3천만 원 정도 모으게 되었다. 외벌이라고 해도 충분히 2년 안에는 모을 수 있고 아이가 생기기 전까지는 맞벌이를 하면 충분히 돈을 모을 수 있다고 생각한다.

미혼이라면 무조건 2년 안에 끝내겠다는 생각으로 빡빡하게 허리띠를 졸라보자. 과거를 돌아보면 이 종잣돈을 모은 것이 투자의 시작이었다. 종잣돈 모으기에 성공했다면 자신과 가족들에게 꼭 보상해주도록 하자. 함께 고생한 가족과 함께 여행을 가도 되고, 꼭 사고 싶었던 옷이나 가방 등 한 번쯤은 사치스럽게 소비해도 괜찮다. 고생한 자신에게 보상이 없으면 앞으로 나아갈 원동력이 떨어진다. 스스로 적절한 보상을 함으로써 더 힘차게 앞으로 전진해야 한다.

투자해서
뭉칫돈 만들기

목표로 한 종잣돈이 어느 정도 모였다면 그것을 더 큰 뭉칫돈으로 불리는 연습을 틈틈이 할 필요가 있다. 투자로 뭉칫돈 만드는 연습을 해야 하는 이유는 두 가지다. 첫 번째는 절약만으로 큰

돈을 모으기에는 시간이 너무 오래 걸리기 때문이고, 두 번째는 투자 경험이 없으면 종잣돈을 금방 소진하게 되기 때문이다.

뭉칫돈 만들기에 도전하려면 주식이든 부동산이든 한 가지 분야를 최소한 6개월 이상 공부해야 하며, 관련 책 50권 정도는 읽고 강의도 들으면서 투자 공부에 전력을 다해야 한다. 중점적으로 생각해야 할 부분은 그동안 모은 종잣돈을 잃지 않고 크기를 키울 수 있는 시세차익형 투자에 집중해야 한다는 점이다. 투자는 종잣돈 중에서 일부를 활용해 진행해보길 바란다.

다만 적극적으로 투자하는 승부사 기질이 있거나 해당 분야에 전문적인 식견이 생길 때까지는 위험하므로 주의해야 한다. 나 같은 경우에는 종잣돈의 약 30% 정도에 해당하는 금액으로 주식을 매입했다. 주식을 매수한 지 6개월 만에 −50% 수익률이 났을 때는 아찔했다. 하지만 회사의 내재가치를 재평가받을 것이라는 생각에 계속 보유했더니 투자금 대비 420%의 수익을 얻을 수 있었다. 매도한 후 발생한 뭉칫돈과, 절약을 통해 모은 종잣돈을 합쳐서 좀 더 큰 투자를 할 예정이다. 물론 이런 수익률을 낼 수 있었던 것은 운도 일부 작용했다고 생각한다. 하지만 이처럼 일정액을 투자를 통해 뭉칫돈으로 만들어보는 경험도 필요하다.

물론 나처럼 사자마자 하락하는 패닉을 맛볼 수도 있다. 그러니 자신이 가진 종잣돈을 전부 투자하지 않고 일정 비율만 투자한다면 리스크를 분산할 수 있다. 모은 종잣돈의 30% 내에서 시도해볼 것을 추천한다. 혹시라도 투자금을 잃는다면 더욱더 열심히 공부하게 될 것이다. 자본주의 사회에서는 돈의 크기가 클수록 조금 더 유리한 고지를 점할 수 있기 때문에 종잣돈의 크기를 키워야 한다.

배당주에
단기투자하기

주식 단기투자 방법으로 고배당이 예상되는 회사를 배당 전에 사전 매수할 것을 추천한다. 배당기준일(배당을 받는 주주를 결정하는 기준이 되는 날)은 결산일과 중간배당 여부에 따라 회사마다 다르지만 일반적으로 12월 30일이다. 배당금을 받으려면 주주명부 폐쇄일(배당기준일 이틀 전)인 12월 28일까지 해당 주식을 매수해야 한다. 해당 일자까지만 매수하면 보유기간과 상관없이 보유주식 수에 따라 배당을 한다. 배당일이 다가올수록 단기적으로 4~5%의 수익을 보려고 배당주를 사는 사람이 많아진다. 매수자가 많아지면 수요·공급의 원리에 따라 주가도 단기 급등하는 경향을 보인다. 이런 점을 고려해 우량주를 8~10월에 매수한다면 주가가 배당수익보다 많이 오를 경우 배당일 전에 매매해 시세차익을 노릴 수도 있고, 안정적인 배당수익을 얻을 수도 있다. 주식시장이 활황이면 매매차익이 유리하고 불황이면 배당수익이 유리하다.

미래에 받을
보험금의 가치

주변을 둘러보면 본인의 소득 대비 보험료를 많이 내는 사람들이 있다. 보험료는 종잣돈을 만드는 데 아킬레스건이다. 보험료는 매월 고정적으로 꽤 큰 금액이 나가는 데다 20년, 30년씩 내야 한다. 만약 결혼을 하지 않아서 부양가족이 없거나 신혼부부라면 종신으로 가입한 생명보험은 해지하길 추천한다. 확률적으로 종신보험의 혜택을 보는 일은 극히 드물다. 고의로 사고를 내서 고액

월급은 적지만 부자는 되고 싶어

의 보험금을 수령하기 위해 보험을 가입하지 않는 이상 확률이 높을 수가 없다.

종신 생명보험의 목적은 경제활동을 하는 가장이 갑작스럽게 죽게 되었을 때 남은 가족들이 그 보험금으로 생계를 유지하도록 돕기 위함이다. 부양할 가족이 없으면 굳이 종신보험을 가입할 필요가 없다. 통계청에서 발표한 2019년 우리나라의 사망 원인 1위는 악성신생물(암)이다. 과거 10년간 1위는 암이었다. 또한 사망자의 연령을 보면 60대 이상인 경우가 남자는 약 78%, 여자는 약 89%였다. 확률적으로 60세 이상은 되어야 보험금을 수령할 확률이 조금이나마 생기는데, 60대라면 자녀들이 20대 후반은 되었을 테고 대학도 졸업하고 취업도 했을 나이다. 경제적인 독립이 이루어졌을 확률이 높다. 그럼 보험금이 자녀들의 생계를 위해 필요할까? 답은 이미 나와 있다. 보험사는 사람들의 공포심을 자극하는 마케팅을 통해 보험 상품을 판매한다. 고객들에게 보험료를 받아서 몇십 년간 회사를 위해 투자하고 자산을 불리는 것이다.

더 중요한 사실은 가입할 때의 보험금 가치와 보험금을 수령할 때의 가치가 현저하게 달라진다는 점이다. 20대에 가입한 종신보험을 60세에 자녀가 수령한다고 해보자. 지금은 1억 원이 큰돈임은 분명하다. 하지만 40년 뒤 1억 원의 가치는 최소 반 토막 나 있을 것이다. 미래의 1억 원은 현재의 5천만 원 이하일 것이다. 비싼 종신보험을 가입해야 할 이유가 없어 보인다.

정리하면 보험이라는 제도는 미래에 발생할 위험에 대비해 가입하지만 보험사가 절대 손해 보지 않도록 설계되어 있다. 보험금을 줄 때도, 해지할 때도 말이다. 매월 내는 보험료로 차라리 적금을 붓자. 만약에 가입한 보험이 있다면 낸 돈을 아까워하지 말고 과감히 해지하자. 100만 원이 아까워서 해지를 못 한다면 앞으로 20년 동안 몇백만 원을 더 내야 한다. 가입한 보험을 해지해서 의외의 종잣돈이 생기는 횡재를 할 수도 있다. 보험 해지에 따른 원금 손실은 투자로 보전하면 된다. 돈 내고 공부했다고 생각하면 마음 편하다.

우연히 발생할 사고에 아주 민감하게 반응하는 사람도 있을 것이다. 손실 회피 성향이 강한 사람들은 보험을 가입함으로써 마음의 안정을 찾을 수도 있다. 하지만 본인이 그 정도 위험은 감수할 수 있다고 생각되면 한번 진지하게 고민해보길 바란다.

추가로, 보험에 가입할 때 내용도 모르고 가입하는 경우가 많은데 세부 내용을 꼭 살펴봐야 한다. 보험료는 크게 보장보험료와 적립보험료로 구성되어 있다. 보장보험료는 위험에 대비하기 위한 순수 보험료이고, 적립보험료는 보험사에 적립했다가 나중에 받는 보험료를 말한다. 적립보험료는 최소가 되도록 할 것을 추천한다. 나 같은 경우 우연한 사고에 대비하는 순수 보장보험료는 월 소득의 10% 이내로 내고 있다.

우리나라 건강보험제도는
세계 최고 수준

우리나라 건강보험제도의 보장 수준은 전 세계 어느 나라와 비교해도 최고라고 한다. 중증 질병에 걸려도 건강보험제도를 활용하면 충분하다는 말이다. 미국처럼 치료비가 많이 들지 않기 때문에 군이 비싼 암보험을 들지 않아도 된다고 생각한다. 암에 걸리면 치료비가 많이 나오는데 건강보험제도를 활용하면 상당 부분 감당 가능하다. 사실상 암보험은 치료기간 동안 노동소득이 끊기게 되었을 때 필요한 생계비용을 충당하기 위한 것이라고 보면 된다. 정말 운이 안 좋다면 젊은 나이에 불행이 닥칠 수도 있다. 하지만 확률상 극히 희박하니 '나에게 그런 불행은 일어나지 않을 거야!' 하고 긍정적으로 생각하는 것이 더 좋지 않을까?

건강보험으로도 충당되지 않아 부담이 되는 치료비는 실손보험을 가입함으로써 해결할 수 있다. 최근에 실손보험에 가입했는데 한 달에 1만 원 정도면 된다. 암과 같이 치명적인 질병에 걸려도 치료비와 수술비는 실손보험으로 보장이 된다. 또한 암 환자 같은 중증 환자의 경우 국민건강보험공단에서 지원해주는 산정특례제도가 있어 공단에서 치료비의 95%를 부담하고 환자는 5%만 내면 된다. 예를 들어 일반 환자가 MRI 촬영 시 100만 원의 비용이 든다고 하면 산정특례 대상자는 5만 원의 비용만 내면 된다. 물론 이 제도는 질병에 따라 지원기간이나 본인부담금에 차이가 있어 실질적으로 한계가 있지만 알아두면 도움이 될 것이다.

위험에 노출되는 것이 싫거나 가족력이 있는 경우에는 여러 특약은 다 빼고 진단비를 높게 받도록 설계하는 것도 좋은 방법이다. 진단비는 보험에 가입할 때 분류된 질병으로 주치의가 진단을 내리면 바로 수령이 가능하다. 보험금 청구에 필요한 서류는 질병분류코드가 기재된 진단서만 있으면 된다. 여러 가지 특약들 중 장애 관련 특약은 가성비가 떨어지니 웬만하면 가입하지 않는 것이 낫다. 장애진단을 받기까지 시간이 오래 걸리며 심사가 까다롭고 보험사와 이견이 많아 보험금을 수령하는 데 시간과 노력이 많이 들기 때문이다.

사회초년생 때 부장님이 소개해준 보험설계사에게 보험을 가입한 적이 있었다. 보통 취업을 하면 직장 상사, 친척, 친구 등을 통해 의심 없이 보험을 가입한다. 내가 가입한 보험은 장해를 입으면 매월 100만 원씩 주는 보험이었다. 가입할 당시에는 혹시라도 내가 다치면 생활비가 나와서 든든하다는 생각이 들었다. 그런데 나중에 약관을 자세히 살펴보니 장해율 70% 이상이 되어야 보험금 수령이 가능했다. 약관상 장해분류표에 따르면 한쪽 눈이 멀었을 때 장해율 50%, 한쪽 손이 없을 때 55%, 한쪽 다리가 없을 때 60%다. 확률상 거의 제로에 가까운 일이고 상상하기도 싫은 경우다. 조금 더 깊이 생각해보자. 장해율 50% 이상의 사고가 나

월급은 적지만 부자는 되고 싶어

려면 일반 사무직 기준으로는 교통사고 정도밖에 생각이 나지 않는다. 우리나라 자동차보험 대인배상은 의무보험으로 누구나 가입해야 하고 보통은 종합보험에서 대인배상을 무한한도로 가입한다. 치료비가 얼마가 나오든 무한으로 보장하는 것이다.

불행한 사고가 일어나지 않는다고 장담할 수는 없지만, 객관적으로 생각해보면 그 정도의 장해를 입을 일은 산업현장에서 일하는 경우가 아니면 거의 없고, 있다 해도 교통사고 정도다. 보험회사의 공포 마케팅에 지갑을 너무 쉽게 열지 말자. 혹여나 불행한 일이 닥치더라도 사회보장제도와 최소한의 보험으로도 충분히 감당할 수 있다. 보험사에서 권하는 모든 보험에 가입하는 대신 내 몸을 위해 운동을 하는 게 더 도움이 된다.

보험료에 숨겨진
적립보험료

보험에 가입할 때는 보험료에 관한 내용이 담긴 약관을 꼼꼼히 읽어봐야 하지만 약관을 자세히 읽고 보험 가입을 하는 사람은 보지 못했다. 보험료는 보험계약자가 사고에 대비해 매달 납부하는 금액을 말한다. 우리가 매달 납부하는 보험료는 어떻게 구성되어 있을까?

보험료＝보장보험료＋적립보험료＋부가보험료

보험료는 만약의 사고 시 보험금을 지급하기 위한 보장보험료, 보험계약 만기 시 환급금을 지급하기 위한 적립보험료, 보험회사의 운영경비를 위한 부가보험료로 구성된다. 즉 사고가 발생했을 때 필요한 보험료는 '보장보험료'다. '적립보험료'라는 말만 들으면 보험회사에서 소비자를 위해 잘 적립하다가 만기 시 전부 돌려

줄 것 같은 느낌이 든다. 실제로 보험회사에서 적립보험료는 만기 시 돌려받는 것이니 적금처럼 생각하라고 설명한다. 보험용어가 익숙하지 않은 소비자들은 적립보험료가 많으면 좋은 줄 알고 적립보험료를 높게 설정해 가입하기도 한다.

하지만 중간에 보험을 해지하면 납부한 적립보험료에서 보험회사의 사업비(운영비)를 제외하고 환급해준다. 만기 환급 시에도 적립보험료 누적금액을 초과해서 환급해주지 않는다. 결국 적립보험료가 많을수록 소비자가 손해를 보는 구조다. 별것 아닌 것 같아 보여도 그 돈으로 투자를 할 수 있는 기회비용까지 고려하면 엄청나게 큰 손실이다.

지금 당장 보험증권을 찾아서 보험료가 어떻게 구성되어 있는지 확인해보자. 보험증권을 보면 다음과 같은 식으로 1회 보험료가 표시되어 있을 것이다.

1회 보험료: 210,000원(월납)
[보장보험료(기본+특약): 71,180원/적립보험료: 138,820원]

적립보험료가 과다하게 설정되어 있다면 보험회사 콜센터로 전화해 적립보험료 삭제를 요청할 수 있다. 상품에 따라 최소한의 의무적립보험료가 있을 수 있는데, 이런 경우에는 보험계약 유지에 필요한 필수적인 적립보험료만 납부하면 된다. 적립보험료가 많을수록 보험사에 유리하며 소비자에게는 불리하다는 점을 기억하자. 보험료에 숨겨진 적립보험료만 알고 있어도 최소한의 보험료를 내고 동일하게 보장받을 수 있다.

"가난하게 태어난 것은 당신의 잘못이 아니지만,
가난하게 죽는 것은 당신의 잘못이다."

_ 빌 게이츠

① 가만히 있으면 벼락거지가 될 수밖에 없다

- 자산의 가치가 오르는 속도가 월급이 오르는 속도보다 훨씬 빠르다.
- 부자는 자신의 분신들(주식, 부동산)에게 일을 시키고 빈자는 혼자서 일한다.

② 회사는 딱 그만두지 않을 정도의 월급만 준다

- 급여는 물가상승률 이상 높여주지 않는 구조적인 한계가 있다.
- 직장생활만으로 부자가 되려면 임원이 되어야 하는데 0.8% 정도로 희박한 확률이다.

③ 자산현황을 정확하게 파악하자

- 재무상태표를 만들고, 매월 지출과 수입을 체크하는 현금흐름표를 만들어 관리하자.
- 많이 버는 것도 중요하지만 지출 관리가 먼저다.

④ 구체적인 비전보드를 만들어라

- 구체적인 목표를 세우는 것이 시작이다.

- 방향성을 잘못 잡으면 아무리 노력해도 목적지에 다다르기 힘들다.

⑤ 종잣돈 만들기가 재테크 제1의 목표다

- 부자들도 처음에는 종잣돈 만들기부터 시작했다.

- 종잣돈 모으기는 최대한 단기간에 해야 한다. 시간이 길어질수록 지치고 실패 확률이 높아진다.

⑥ 보험료는 줄일 수 있는 만큼 줄이자

- 미래에 받을 보험금은 현재 가치보다 현저히 떨어진다는 사실을 기억하자.

- 보험 상품은 절대 보험회사가 손해 보지 않도록 설계되어 있다.

- 우리나라 건강보험제도를 잘 활용하면 웬만한 질병은 대부분 감당할 수 있다.

PART 2

부의 사다리에 오르려면 공부는 필수다

경제 공부는
부자가 되는 필요조건

일반적으로 경제학을 잘 알면 경제 전반에 대한 이해가 높아져 돈을 벌 수 있는 시야가 넓어진다고 생각한다. 하지만 경제학을 잘 아는 사람들은 모두 부자가 되었을까? 그렇지는 않다. 학문적으로 공부하는 것과 실제 경제 흐름을 보고 부를 이루는 것은 의미가 다르다. 굴지의 기업가들도 경제학자처럼 어려운 경제 이론을 다 알지는 못한다. 오히려 기업가들이 부자인 이유는 남들보다 뛰어난 결단력, 행동력, 도전정신을 가지고 있어서라고 생각한다.

그런데도 왜 경제 공부를 해야 할까? 경제학은 부자가 되기 위한 충분조건은 아니어도 필요조건이기 때문이다. 경제가 작동되는 원리를 알고 있으면 우리가 일상에서 겪는 다양한 선택의 순간에 올바른 결정을 내릴 가능성이 높아지기 때문이다. 투자자는 투자에 대해 자신이 판단할 수 있어야 한다. 전문가가 판단해주는 것이 아니고 나 자신이 판단해 의사결정을 해야 한다는 말이다. 그 판단을 하는 기준은 시장 상황에 따라 달라진다. 과거에 아무리 좋은 투자처였다고 할지라도 투자를 하는 시점에 좋은 것인지 아닌지는 그때마다 다르다. 시장의 흐름은 시시각각 변하기 때문에 상황을 정확히 파악하고 그에 맞는 판단을 하려면 반드시 경제 공부를 해야 한다.

무엇을 가지고
경제 공부를 해야 할까?

대학교 때 경제학 교양수업 교재가 『맨큐의 경제학』이었던 것으로 기억한다. 경제학의 입문서로 불리는 유명한 책이다. 두꺼운 이 책에는 사람들의 의사결정, 나라 경제의 작동 원리 등 다양한 이론이 담겨 있다. 그렇다면 이런 이론들을 다 알아야 할까? 경제학을 전공하고 석사, 박사 학위를 받는 데 도움이 될지는 몰라도 이런 이론들이 현실을 얼마나 반영하는지에는 의문을 가질 수밖에 없다. 경제학 이론이 현실에 그대로 적용된다면 저명한 경제학자들은 왜 2008년 금융위기를 예측하지 못했을까? 결국은 그 어려운 이론들도 과거를 분석한 것일 뿐이고 미래를 확실히 알 수는 없다.

물론 기본적인 경제 이론 공부는 필요하다. 하지만 모든 경제 현상이 이론과 수식처럼 딱딱 떨어지는 경우는 절대 없다. 그렇기에 현재가 중요하다. 현재 경제 상황을 가장 잘 알 수 있는 도구가 바로 경제신문이다. 경제신문은 사회, 금융, 경제, 국제, 정치, 부동산, 기업, 컨슈머 등 다양한 분야에 걸쳐 세상 돌아가는 소식을 전해준다. 요즘은 인터넷과 스마트폰이 발달해 클릭 몇 번이면 수많은 기사를 접할 수 있다. 하지만 초보자라면 종이신문을 읽기를 권한다. 초보자가 종이신문을 읽어야 하는 아주 중요한 이유가 있다.

초보자는 넘쳐나는 정보 속에서 어떤 기사가 중요한지, 무엇이 꼭 필요한 정보인지 파악할 수 있는 능력이 부족하다. 아직은 큰 흐름을 보는 눈이 없기 때문이다. 중요한 정보와 덜 중요한 정보를 구분하는 것부터 할 수 있어야 한다. 그런 면에서 종이신문은 어떤 기사가 중요한지 직관적으로 알 수 있다. 기사의 배치와 크기, 글씨 크기 등을 보면 무엇이 비중이 큰 기사인지 한눈에 보인다. 즉 어느 면에, 얼마나 크게, 어떻게 배치되었는지가 중요하다는 말이다. 반면 인터넷 기사는 정보는 많지만 어떤 것이 중요한지 확인하기 힘들다. 스마트폰으로는 더더욱 판단하기 어렵다. 또한 웹페이지 주변의 자극적인 광고 배너들은 기사를 읽을 때 주의를 산만하게 한다.

경제신문을 보면서 최소한 1~2년 공부하면 세상을 보는 눈이 달라진다. 그 이후에는 인터넷이나 스마트폰의 기사를 보고도 중요한 기사를 알아볼 수 있는 눈이 생길 것이다. 좋은 기사와 나쁜 기사를 분별할 수 있는 능력이 갖춰지면 종이신문이든 인터넷신문이든 본인의 취향에 맞게 선택해 정보를 얻을 수 있게 된다.

신문 정보를
투자에 활용하면 낭패

신문에 나온 정보는 이미 시장에 가격이 반영된 경우가 대부분이다. 주식시장에서는 소문이 나기 전부터 주가가 바로 반응한다. 주식시장에서 이슈가 된 사건을 예를 들어보겠다. 2021년 초 애플이 애플자동차를 만들 예정인데 현대기아자동차와 합작으로 만들 수도 있다는 내용이 있었다. 이런 기사를 보고 현대기아차 주식을 매수하려고 하면 이미 늦은 것이다. 발 빠른 투자자들은 소문이 나기 전에 먼저 진입해 매도 타이밍을 보고 있다.

부동산 투자도 마찬가지다. 개발 호재가 신문에 나오는 경우가 있는데 기사로 뜨기 전에 이미 그 지역에는 소문이 나서 집주인들은 가격을 몇천만 원씩 올리고 있을 것이다. 신문의 정보는 이미 과거의 정보인 경우가 대부분이다. 소문에 사고 뉴스에 파는 것이 정석이다. 초보자들은 뉴스를 보고 투자하다 보니 상투를 물리게 된다.

사람들의 심리를 파악하는 것이 핵심

경제신문을 읽는 이유는 단순히 신문에 나온 내용을 투자에 활용하기 위함이 아니다. 신문은 최신 트렌드가 무엇인지, 사람들이 무엇을 원하고 있는지 알기 위해 읽는 것이다. 주식 투자자라면 증권, 금융 섹션을 집중적으로 읽을 것이다. 그런데 의외로 컨슈머 섹션을 중점적으로 보는 게 도움이 될 수도 있다. 컨슈머에서는 사람들이 선호하는 제품이나 인기 있는 아이템을 소개하는 경우가 많다. 최근에 뜨고 있는 제품을 만드는 회사를 보는 게 일차원적인 분석이고 그 제품을 만드는 원재료를 독점적으로 공급하는 회사를 보는 게 이차원적인 분석이다. 인기 있는 제품을 판매하는 회사나 원재료를 공급하는 회사는 자연스럽게 매출이 상승하고 주식 가격도 오를 확률이 높아진다.

과거에는 없던 용어가 등장하면 주의 깊게 확인해야 한다. '혼술족' '혼밥족' 같은 용어는 우리 사회의 무엇이 변하고 있다고 말하는 것일까? 과거와 다르게 1인 가구가 많아지고 있다는 의미다. 부동산 투자자라면 이런 용어에 집중해야 한다. 기존 4인 가족 중심의 부동산 시장에서 1인 가구를 위한 부동산 시장으로 변화하고 있음을 알 수 있다. 남들보다 빠르게 트렌드를 읽고 대응해야 경쟁력을 갖는다. 예를 들면 남들이 34평 아파트를 외치고 있을 때 역세권의 신축 소형 아파트에 미리 진입하는 것이다. 남들이 다 할 때는 이미 늦은 때다. 신문을 읽는 이유는 앞서 이야기했듯이 단편적인 지식이나 정보를 얻기 위함이 아닌 그 속에 숨겨진 사람들의 심리를 읽어내고 트렌드를 파악해 투자에 활용하기 위함이다.

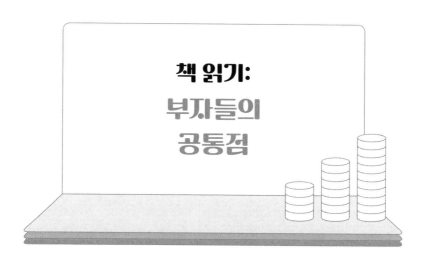

부자들은
독서광이다

역사적으로 보면 부자인 사람들과 성공한 사람들은 지독한 독서광이라고 한다. 다양한 장르의 책을 읽으며 여러 분야에 시야가 넓어지고 혜안이 생겼다는 것이 공통점이다. '오마하의 현인'이라 불리는 워런 버핏, 마이크로소프트의 빌 게이츠도 독서 예찬론자다. 책을 읽어서 실패했다는 사람을 본 적이 있는가? 책을 읽어서 성공했다는 사람은 무수히 많다. 독서를 하지 않는 사람은 잠깐 부자는 될 수 있겠지만 부를 오랜 기간 유지하기는 힘들다.

독서는 선택의 문제가 아니고 필수다. 책 한 권은 아무리 비싸도 2만 원이면 구매할 수 있다. 그 책 한 권에는 저자의 경험과 노하우뿐만 아니라 삶에 대한 통찰이 녹아들어 있다. 단돈 2만 원으로 저자의 인생을 배울 수 있다면 얼마나 남는 장사인가? 부자가 되고 싶다면 지금 당장 독서를 하자. 밥만 삼시 세끼 먹는 것이 아니고 독서도 삼시 세끼 해야 한다.

오랜 기간 사랑받은 책이 좋은 책이다

시중에는 재테크 책이 엄청 많다. 그런데 좋은 내용은 없고 제목만 요란한 책도 참 많다. 책을 고를 때 실패하지 않는 방법은 오랜 기간 꾸준하게 읽혀온 스테디셀러를 구매하는 것이다. 가령 『부자 아빠 가난한 아빠』는 전통적인 재테크 책으로, 많은 부자를 만들어낸 책이라고 할 수 있다. 초판이 출간된 지 20년이 지났지만 여전히 잘 팔리고 있다. 이렇게 오랜 시간이 지나도 사람들이 많이 읽는다는 말은 그만큼 검증된 책이라는 뜻이다.

대형 서점에 가면 최근에 많이 팔린 책을 모아놓은 베스트셀러 코너가 있다. 베스트셀러라고 해서 읽었는데 생각보다 별로인 책

월급은 적지만 부자는 되고 싶어

도 꽤 많다. 결국은 오랫동안 검증된 책이 좋은 책이다. 실패할 확률을 줄이려면 그 분야의 스테디셀러 명작을 읽어야 한다.

6개월 동안 50권 읽기

한 달에 1권씩 1년에 12권 읽어놓고 열심히 공부했다고 착각하는 사람이 있다. 그렇게 하면 안 된다. 일단 자기가 주력으로 공부할 분야를 정했으면 그 분야 책 50권 정도는 한 번에 읽어야 한다. 요즘에는 인터넷에서 조그만 책장을 5만 원 정도면 살 수 있다. 50권의 책값과 책장을 합쳐도 100만 원 정도면 충분하다. 100만 원 정도는 과감히 투자해야 한다. 책을 50권 샀으면 6개월 안에는 모두 읽는다는 마음으로 읽는다. 처음 한두 달은 책 읽는 속도가 나지 않을 것이다. 하지만 같은 분야의 책이기 때문에 저자들이 말하는 원리나 이론에서 동일한 부분이 생각보다 많다. 책을 읽을수록 아는 내용이 많아지고 저절로 반복 학습이 된다. 그러면 책을 가볍게 훑어보는 식으로 읽어도 핵심 내용을 파악할 수 있게 되어 읽는 속도가 빨라진다. 그래서 집중만 하면 50권을 6개월 동안 충분히 읽을 수 있다. 관련 책들에서 가장 많이 언급되는 내용이 가장 중요한 내용이다.

부자가 되려고 읽는 책은 잡지처럼 편하게 읽으면 안 된다. 구매한 책을 읽고 분석한다는 생각으로 수험서를 보듯이 읽어야 실력이 늘어난다. 다만 책을 비평가처럼 읽지 말고 그 저자의 생각을 사소한 것 하나까지 배운다는 마음으로 교과서처럼 읽고 익혀야 한다. 그러다 일정 수준 이상이 되면 별로인 책들은 몇 장만 읽어도 벌써 감이 온다. 하지만 시작 단계에서는 배우는 자세로 임하자.

6개월 50권 읽기에 성공하려면 50권을 웬만하면 한 번에 구매하기를 바란다. 그래야 돈이 아까워서라도 다 읽는다. 50권 정도를 읽으면 어느 순간 번뜩이는 감이 오는 시기가 분명히 있다. 독서는 가장 저렴하고도 확실하게 공부하는 방법이다. 책을 읽다가 지치면 독서로 인생이 바뀐 베스트셀러 작가 이지성의 『일독』을 읽어보기를 권한다. 독서 습관을 기르는 방법을 스토리텔링으로 쉽게 풀어낸 책이다. 책을 읽다가 지쳤을 때 다시 읽기 시작하는 데 동기 부여가 될 것이다.

책을 모두 읽고 6개월 뒤에는 읽었던 책 중에서 좋았던 것을 중심으로 독서 리뷰를 해볼 것을 추천한다. 읽은 책을 요점 정리하는 것이다. 블로그를 개설해 독서 리뷰를 올려보자. 다른 사람들과 서로 정보 공유도 하며 읽은 책의 내용을 다시 한번 정리하는 시간이 될 것이다.

경제 분야별
추천 도서

자기계발

- 『나는 나에게 월급을 준다』, 마리안 캔드웰, 중앙북스, 2013

- 『나는 4시간만 일한다』, 팀 페리스, 다른상상, 2017

- 『데일 카네기 인간관계론』, 데일 카네기, 현대지성, 2019

- 『데일 카네기 자기관리론』, 데일 카네기, 현대지성, 2021

- 『럭키』, 김도윤, 북로망스, 2021

- 『백만불짜리 습관』, 브라이언 트레이시, 용오름, 2005

- 『생각하는 인문학』, 이지성, 차이, 2015

- 『시골의사 박경철의 자기혁명』, 박경철, 리더스북, 2011

- 『아주 작은 반복의 힘』, 로버트 마우어, 스몰빅라이프, 2016

- 『여덟 단어』, 박웅현, 북하우스, 2013

- 『원씽 THE ONE THING』, 게리 켈러·제이 파파산, 비즈니스북스, 2013

- 『인생은 실전이다』, 신영준·주언규, 상상스퀘어, 2021
- 『일독』, 이지성·스토리베리, 차이정원, 2018
- 『일생에 한번은 고수를 만나라』, 한근태, 미래의창, 2013
- 『타이탄의 도구들』, 팀 페리스, 토네이도, 2020

투자 일반
- 『나의 첫 금리 공부』, 염상훈, 원앤원북스, 2019
- 『돈, 뜨겁게 사랑하고 차갑게 다루어라』, 앙드레 코스톨라니, 미래의창, 2015
- 『돈의 감각』, 이명로(상승미소), 비즈니스북스, 2019
- 『돈의 속성』, 김승호, 스노우폭스북스, 2020
- 『레버리지』, 롭 무어, 다산북스, 2019
- 『보도 섀퍼의 돈』, 보도 섀퍼, 에포케, 2011
- 『부의 대이동』, 오건영, 페이지2, 2020
- 『부의 본능』, 브라운스톤, 토트출판사, 2018
- 『부의 인문학』, 브라운스톤, 오픈마인드, 2019
- 『부의 추월차선』, 엠제이 드마코, 토트출판사, 2013
- 『부자 아빠 가난한 아빠』, 로버트 기요사키, 민음인, 2018
- 『아들아, 돈 공부해야 한다』, 정선용, 알에이치코리아, 2021
- 『앞으로 3년 경제전쟁의 미래』, 오건영, 지식노마드, 2019
- 『월급쟁이 재테크 상식사전』, 우용표, 길벗, 2019

월급은 적지만 부자는 되고 싶어

- 『이웃집 백만장자 변하지 않는 부의 법칙』, 토머스 스탠리·세라 스탠리 팰로, 비즈니스북스, 2019
- 『자본주의』, 정지은·고희정, 가나출판사, 2013
- 『진짜 부자 가짜 부자』, 사경인, 더클래스, 2020
- 『후천적 부자』, 이재범, 프레너미, 2016

주식 투자

- 『내일의 부 1, 2』, 김장섭, 트러스트북스, 2020
- 『돈 좀 굴려봅시다』, 홍춘욱, 스마트북스, 2012
- 『랜덤워크 투자수업』, 버턴 말킬, 골든어페어, 2020
- 『마법의 연금 굴리기』, 김성일, 에이지21, 2019
- 『선물주는산타의 주식투자 시크릿』, 선물주는산타, 비즈니스북스, 2020
- 『워런 버핏 바이블』, 워런 버핏·리처드 코너스, 에프엔미디어, 2017
- 『위대한 기업에 투자하라』, 필립 피셔, 굿모닝북스, 2005
- 『작지만 강한 기업에 투자하라』, 랄프 웬저, 굿모닝북스, 2007
- 『전설로 떠나는 월가의 영웅』, 피터 린치·존 로스차일드, 국일증권경제연구소, 2021
- 『주식 투자 무작정 따라하기』, 윤재수, 길벗, 2020
- 『피터 린치의 이기는 투자』, 피터 린치·존 로스 차일드, 흐름출판, 2008

- 『현명한 투자자』, 벤저민 그레이엄, 국일증권경제연구소, 2020

부동산 투자

- 『나는 부동산과 맞벌이한다』, 너바나, 알키, 2015
- 『내 집 없는 부자는 없다』, 대치동 키즈, 원앤원북스, 2020
- 『다시 부동산을 생각한다』, 채상욱, 라이프런, 2019
- 『대한민국 아파트 부의 지도』, 이상우, 한빛비즈, 2018
- 『대한민국 재건축 재개발 지도』, 정지영(아임해피), 다산북스, 2021
- 『돈되는 재건축 재개발』, 열정이넘쳐(이정열), 잇콘, 2017
- 『부동산 상식사전』, 백영록, 길벗, 2019
- 『부동산의 보이지 않는 진실』, 이재범·김영기, 프레너미, 2016
- 『부동산 절세 완전정복』, 이승현(자본가), 한국경제신문사, 2021
- 『부동산 투자 사이클』, 김영기·이재범, 프레너미, 2018
- 『부동산 투자 이렇게 쉬웠어?』, 신현강(부룡), 지혜로, 2017
- 『부자의 지도』, 김학렬, 베리북, 2016
- 『심정섭의 대한민국 학군지도』, 심정섭, 진서원, 2019
- 『싱글맘 부동산 경매로 홀로서기』, 이선미, 지혜로, 2020
- 『아기곰의 재테크 불변의 법칙』, 아기곰, 아라크네, 2021
- 『아는 만큼 당첨되는 청약의 기술』, 열정로즈(정숙희), 길벗, 2020
- 『앞으로 10년, 대한민국 부동산』, 김장섭, 트러스트북스, 2019
- 『엑시트 EXIT』, 송희창, 지혜로, 2020

월급은 적지만 부자는 되고 싶어

- 『오윤섭의 부동산 가치투자』, 오윤섭, 원앤원북스, 2018
- 『월급쟁이 부자로 은퇴하라』, 너나위, 알에이치코리아, 2019
- 『코로나 이후, 대한민국 부동산』, 김원철, 알에이치코리아, 2020
- 『투에이스의 부동산 절세의 기술』, 김동우, 지혜로, 2020
- 『3시간 공부하고 30년 써먹는 부동산 시장 분석 기법』, 구만수, 한국경제신문i, 2017
- 『10년 동안 적금밖에 모르던 39세 김 과장은 어떻게 1년 만에 부동산 천재가 됐을까?』, 김재수(렘군), 비즈니스북스, 2018

N잡러 되기

- 『노마드 비즈니스맨』, 이승준, 라온북, 2019
- 『지금 바로 돈 버는 기술』, 김정환, 유노북스, 2019
- 『캐시버타이징』, 드류 에릭 휘트먼, 글로세움, 2011
- 『컨테이저스 전략적 입소문』, 조나 버거, 문학동네, 2013
- 『킵고잉』, 주언규(신사임당), 21세기북스, 2020
- 『회사 말고 내 콘텐츠』, 서민규, 마인드빌딩, 2019
- 『N잡하는 허대리의 월급 독립 스쿨』, N잡하는 허대리, 토네이도, 2020

진짜 전문가 vs.
가짜 전문가

세상에는 전문가라고 내세우는 사람이 많다. 그런데 진짜 전문가와 가짜 전문가를 어떻게 구별할 수 있을까? '확정 수익' '원금 보장'을 외치는 전문가들은 사기꾼이라도 봐도 된다. 상식적으로 생각해봐도 확정 수익에 원금까지 보장되는 안전하고 확실한 투자처이면 본인이 투자하면 최고의 부자가 될 텐데 왜 그렇게 하지 않고 굳이 다른 사람들에게 가르쳐주려고 할까? 그렇게 광고를 하는 전문가들의 주 수입원이 강의료이기 때문이다. 투자로 수익을 내는 사람이 아니고 강의료와 조회 수로 먹고사는 사람들이다.

진짜 전문가와 가짜 전문가를 구분하려면 해당 분야의 투자시장에서 장기간(최소 10년 이상) 꾸준히 투자하고 있으며 현재까지도 투자로 수익을 내고 있는지를 봐야 한다. 투자기간이 너무 짧으면 실력보다는 운이 좋거나 시장이 좋아서 성공한 경우일 수 있다. 과거에는 투자로 성공했지만 현재는 투자를 하지 않는다면 투자의 감이 떨어졌을 수도 있고, 투자를 했던 시기에는 그 판단이 옳았을지 몰라도 현재는 맞지 않는 경우도 있을 수 있다.

진짜 전문가인 멘토를 만나야 내 실력도 성장할 수 있다. 너무 과장되게 말하지는 않는지, 지금도 성공적으로 투자하고 있는지 꼭 점검하길 바란다. 현란한 언변에 속아서 낭패를 본 사람이 많다. 실제로 내 친구 중에 한 명이 부동산에 관심이 있었는데, 그 친구의 지인 중에 부동산 컨설팅 회사에서 일하는 사람이 있었다. 그 지인은 당시 투자한 물건들에서 큰 수익을 내고 있었고 친구 눈에는 뛰어난 전문가인 듯 보였다. 친구는 지인에게 큰돈을 맡기고 기다렸다. 결과는 어떻게 되었을까? 알고 보니 그 지인은 주변에서 끌어모은 돈을 가지고 무리한 투자를 한 것이었다. 무리한 투자를 한 탓에 그는 한순간에 몰락하게 되었고 친구는 종잣돈을 모두 잃고 말았다. 이런 일화는 주변에서 한 번쯤은 들어보았을 것이다. 투자는 자신이 결정하는 것이고 그에 따른 책임도 본인이

지는 것이다.

공부를 하다 보면 간혹 전문가가 추천하는 종목이나 부동산에 투자하면 괜찮지 않을까 하는 생각이 들기도 한다. 그러나 투자할 곳을 콕 집어 추천해주는 전문가에게 배우기를 권하고 싶지 않다. 한두 번 정도는 성공할 수 있지만 마지막 한 번의 실패로 여태까지 쌓아왔던 공든 탑이 무너질지도 모른다. 전문가도 사람이다. 많은 돈이 자신에게 모이면 욕심이 생기고 사고가 터질 수도 있다. 물고기를 잡아주는 전문가 말고 물고기 잡는 법을 가르쳐주는 전문가에게 배우는 것이 중요하다. 투자는 전적으로 본인의 책임하에 진행해야 하고 그에 따른 실패도 자신이 감내해야 한다.

강의 듣기도
투자의 한 종목

독서를 통해 배우는 것은 가장 저렴하면서도 많은 노하우를 배울 수 있는 방법이다. 하지만 책에 쓰기에는 살짝 모호한 내용이나, 핵심 노하우라서 가르쳐주기 조금은 꺼려지는 정보가 있을 수 있다. 또한 책은 시간 차가 있어 저자가 집필할 때의 상황과 현재의 상황 사이에 괴리가 발생할 수 있다. 저자가 원고를 쓴 시점부터 보통 수개월 후에 출판이 되기에 하루가 다르게 바뀌는 시장

환경을 온전히 반영하기 힘들다는 단점이 있다.

책의 이런 단점을 보완하고자 한다면 강의를 통해 전문가의 핵심 노하우를 배워보자. 투자를 하는 사람이 책을 냈다면 강의도 진행하는 경우가 많다. 강의를 듣기 전에 꼭 저자가 쓴 책을 정독해보길 바란다. 저자의 노하우와 인생이 담겨 있는 책을 읽으면 강의를 이해하기도 수월해진다. 강의를 듣는 것은 책에 공개하기 힘든 핵심 노하우를 배우는 것과 같다. 강의하는 전문가는 자선사업가가 아니다. 2만 원의 책을 구매한 사람과 30만 원의 수강료를 낸 사람이 받는 혜택은 당연히 다르다. 저자와 친해질 수 있는 한 가지 꿀팁은 강의 후에 저자가 출간한 책에 사인을 받는 것이다. 저자는 자신의 책을 손수 들고 와서 사인을 받아 가는 사람을 기억할 수밖에 없다. 그렇게 하면 블로그나 SNS를 통해 문의하거나 댓글을 달았을 때 좀 더 좋은 피드백을 받을 수 있다.

강의는 책보다 가격이 다소 비싸지만 투자한 강의료보다 더 많은 금액을 벌 수 있다면 충분히 투자할 가치가 있지 않을까? 수강료도 투자금이라고 생각하면 마음이 편하다.

기초를 다져주는
추천 영상

EBS 다큐프라임 <자본주의>

재테크에 관심이 있는 대학교 동기에게 이 영상을 추천해준 적이 있는데 쉬지 않고 전편을 몰아서 봤다고 한다. 영상을 본 소감은 자본주의라는 큰 바다 속의 작은 어항에 갇혀서 편협한 사고를 하고 어항 속의 세상이 전부인 양 살고 있는 것 같다며 너무나 충격적이었다고 했다. 쉬지 않고 일하는 우리는 왜 계속 살기 힘든가에 대한 물음에 답이 되는 영상이니 꼭 한번 보기를 추천한다. 재테크 공부를 하는 강력한 동기 부여가 된다.

KBS 다큐멘터리 <돈의 힘(Ascent of Money)>

영국 출신의 역사학자 니얼 퍼거슨 하버드대 교수가 들려주는 돈에 관한 이야기다. 2007년 여름을 기점으로 시작된 금융위기, 세계를 강타하는 경제위기의 중심에는 인류의 역사를 지배해온 돈

월급은 적지만 부자는 되고 싶어

이 있었다. 자본주의에서 돈이 어떤 형태로 영향을 미쳐왔는지 잘 보여주는 영상이다. 6부작으로 구성되어 있으며 영국 BBC에서 방송한 다큐멘터리다. 조금은 지루할 수 있으나, 금융시장이 어떻게 성장했는지, 그리고 우리가 그 안에서 살고 있었다는 사실을 알면 놀라게 될 것이다.

스터디 그룹 만들기:
함께하면
오래 갈 수 있다

너 자신을 알라,
인간은 원래 나태하다

사람은 본질적으로 나태한 동물이라 한다. 아무리 계획을 잘 세우고 열심히 하려고 해도 대부분의 사람들은 계획대로 실천하기 힘든 것이 현실이다. 계획대로 모든 일이 진행되었다면 학생들은 모두 서울대에 입학하고, 취준생들은 모두 전문직이 되거나 대기업에 합격할 것이다. 하지만 현실은 그렇지 않다. 사람의 행동은 잘 변하지 않는다. 특히 혼자서 할 때는 더욱 그렇다. 강제성이 없

월급은 적지만 부자는 되고 싶어

으면 사람은 행동으로 옮기지 않는다.

미국의 한 대학교에서 시험 유무에 따른 학생들의 성취도 평가를 분석하는 연구를 했다. 결과는 어땠을까? 시험을 보지 않은 학생들의 학업 성취도가 더 낮게 나왔다고 한다. 똑같이 공부를 해도 명확한 계기나 강제성이 없으면 집중력이 떨어지기 마련이다. 해결 방안은 목표를 세우고 달성해나가는 것이다. 중요한 것은 강제성이 있어야 한다는 점이다.

함께 성장하는 기회를 만들어라

강의만 열심히 듣는다고 실력이 향상되는 것은 아니다. 초등학교, 중학교, 고등학교, 대학교에서 수많은 강의를 들었는데 과연 성공했는지 스스로에게 물어보자. 솔직히 강의만 들었을 뿐 남은 게 없는 것이 대부분이다. 투자 공부를 하는 데 있어서 강의를 듣는 것만으로는 부족하다. 실제로 실천하고 연습해야 한다. 연습을 할 수 있는 가장 좋은 방법이 그룹 스터디라고 생각한다. 같은 관심사를 가진 사람들이 모여 서로의 지식을 공유하고 배운 내용을 복습하는 과정이라고 보면 된다. 이 과정 없이는 원하는 만큼 성장하기 어렵다. 스터디 그룹을 형성해 뜻이 맞는 사람들과 함께 공부하다 보면, 강제성을 부여하면서 지치지 않고 공부를 지속할 수 있는 강력한 동기 부여가 된다.

스터디 그룹을 만드는 요령을 소개해보면 다음과 같다.

스터디 그룹 만드는 법

① 자신의 SNS에 함께할 사람을 모은다.

② 재테크 카페에 글을 올려 스터디원을 모은다.

③ 스터디 그룹을 형성해주는 투자 강의를 듣는다.

④ 스터디 그룹만 형성해주는 유료 스터디에 가입한다.

스터디 그룹에 참여해보면 같은 투자처를 놓고 경쟁해 서로 감정이 상하는 경우가 종종 발생하기도 한다. 처음 만나는 사람들이 같은 목적으로 공부하다 보니 다른 사람보다 먼저 성공하고 싶어 하는 이기심이 생길 수도 있다. 이런 경우 욕심을 조금 내려놓고 스터디 그룹 본연의 목적을 생각해봐야 한다. 스터디 그룹에 참여하는 이유는 내가 아직 완벽하지 않아서 배우기 위함이다. 자신에게 부족한 부분을 다른 사람의 지식과 경험을 통해 채워나가는 과정이다.

스터디 그룹을 효율적으로 활용하려면 자신이 투자하려고 하는 정말 좋은 물건을 공유해보자. 또한 조사 보고서를 주변 사람들에게 모두 나누어주자. 정보를 뺏기는 것 같아 아쉬울 수도 있

월급은 적지만 부자는 되고 싶어

지만 반드시 그 이상의 혜택이 돌아온다. 실제로 정보를 숨기는 사람보다 모두에게 오픈해서 함께 성장하는 사람이 더 빨리 성공하는 것을 자주 보았다.

재테크에 도움 되는
온라인 채널 활용하는 법

온라인 카페 활용 팁과 추천 카페

온라인 카페를 잘 활용하면 큰 도움이 된다. 카페에 가입한 후 카페장이나 운영진 중에서 성공한 사람이 쓴 성공 사례를 찾아보자. 카페 회원 중에서 찾아도 좋다. '순자산 ○○억 달성기' 같은 성공담을 쓴 아이디를 검색해서 그 사람이 작성한 글을 처음부터 끝까지 읽어보자. 첫 글인 가입 인사부터 말이다. 내용이 좋다면 모든 글을 출력해서 반복해 읽어보길 바란다.

아무리 성공한 사람이라도 처음에는 모두 초보자였다. 성공한 사람들이 카페에 작성한 글을 읽고 분석하는 것만으로도 큰 공부가 된다. 글을 읽다 보면 그 사람들이 성공하기까지 해왔던 생각, 실천 전략, 목표 설정, 성공하는 데 필요한 기간 등을 자연스럽게 배우게 된다. 앞서 성공과 실패를 경험했던 선배의 생생한 후기는 최고의 공부 자료 중 하나다. 성공과 실패 사례를 분석함으로써

월급은 적지만 부자는 되고 싶어

간접경험을 할 수 있다. 의외로 카페 후기 글에서 실전 노하우가
많이 방출된다.

- 네이버 카페 '부자언니 유수진'(cafe.naver.com/urlifestylist)
- 네이버 카페 '월급쟁이부자들'(cafe.naver.com/wecando7)
- 네이버 카페 '월급쟁이 재테크 연구카페'(cafe.naver.com/
  onepieceholicplus)
- 다음 카페 '텐인텐'(cafe.daum.net/10in10)
- 다음 카페 '행복재테크'(cafe.daum.net/happy-tech)

유튜브 활용 팁과 추천 유튜브 채널

한국교통연구원에 따르면 서울 지역으로 출근하는 직장인의 평균
출근시간은 약 53분이라고 한다. 이 자투리 시간에 유튜브를 이용
해 다양한 인사이트를 얻을 수 있다. 잠을 자거나 가십거리 뉴스
만 보지 말고 실질적으로 도움이 되는 유튜브 채널을 구독해보자.
나는 유튜브 프리미엄을 구독해 유튜브를 강의처럼 본다. 월 1만
원으로 양질의 콘텐츠를 편하게 볼 수 있으니 비용이 아깝지 않
다. 출퇴근시간에 시청한 유튜브 영상 중 좋았던 영상은 퇴근 후
집에서 1.5배속으로 다시 보면서 핵심 내용을 정리 노트에 요약한
다. 이런 자료가 쌓일수록 재테크 지식은 점점 늘어난다. 유튜브는
유명인의 무료 강의를 들을 수 있는 절호의 기회다.

① 재테크 일반

- 유튜브 '김작가 TV'
- 유튜브 '김짠부 재테크'
- 유튜브 '신사임당'
- 유튜브 '체인지그라운드'
- 유튜브 'MKTV 김미경TV'

② 주식 투자

- 유튜브 '삼프로TV'
- 유튜브 '소수몽키'
- 유튜브 '슈카월드'
- 유튜브 '815머니톡'

③ 부동산 투자

- 유튜브 '부동산 읽어주는 남자'
- 유튜브 '부동산전망 No.1 렘군'
- 유튜브 '월급쟁이부자들TV'
- 유튜브 '행크TV'
- 유튜브 '후랭이TV'

월급은 적지만 부자는 되고 싶어

시장에 참여하기:
내 돈이 들어가 있어야 관심이 간다

시장에 돈을
묻어두자

경제신문을 매일 읽으며 분석하고, 독서와 강의를 통해 실력을 쌓았다면 실전 투자를 해보자. 공부만 오래 하다 보면 지루해지고 실전 감각을 익힐 수가 없다. 처음에는 작은 돈으로 시작해보자. 모의 투자를 하는 것도 좋은 방법이지만, 실제 내 돈이 들어가 있는 것과 그렇지 않은 것은 하늘과 땅 차이다. 누가 시키지 않아도 자산의 가격을 확인하고 있는 자신을 발견하게 될 것이다.

만약 A지역에 부동산을 소유하고 있다면 해당 지역 개발 정보나 관련 뉴스를 찾아보게 된다. 또한 네이버 부동산에 현재 올라와 있는 매물을 꾸준히 모니터링하게 된다. 이런 과정에서 뉴스나 호재 등이 내가 가진 부동산 시세에 어떤 영향을 미치는지 자연스럽게 배우게 된다.

주식을 가지고 있다면 내가 주식을 산 회사가 실적은 잘 내고 있는지, 특별한 이슈는 없는지 찾아보게 될 것이다. 주식시장은 경기 흐름의 영향을 많이 받기 때문에 전 세계의 경제 동향, 금리, 환율 등 다양한 경제 지표들을 분석하고 공부해야 한다. 그리고 내가 가진 주식을 계속 보유해야 할지, 아니면 매도해야 할지 끊임없는 고뇌를 반복하게 될 것이다.

이런 과정을 통해 진짜 투자지식과 투자근육이 생긴다. 시장에 돈을 참여시키면 나 자신을 적극적으로 만들어주는 효과가 있다. 내가 자발적으로 연구하고 분석해야만 진짜 실력이 되고 흔들리지 않는 확신을 가지게 된다. 꼭 시장에 돈을 묻어두자.

상승장의 행운은
독이 든 사과

전문가들은 조언한다. 첫 투자에 성공하는 것은 독이 든 사과를 먹는 것과 같다고 말이다. 본인의 실력이 없는데 성공하면 그 성과가 본인의 실력인 양 무리한 투자를 하게 되고, 결국은 많은 돈을 잃을 수 있다고 충고한다.

그래서 차라리 처음에는 돈을 잃어보는 것이 낫다. 손실을 보면 큰 고통을 받겠지만 그 뒤에 얻을 수 있는 교훈이 더 크기에 충분히 성장하는 기회가 된다. 돈을 잃어본 사람은 절대 다시는 실패하고 싶지 않을 것이다. 돈을 너무 쉽게 번 사람은 자만에 빠지기 쉽고 한 번에 모든 것을 잃을 수 있다. 돈 잃는 것을 두려워하지 말고 만약 실패했다면 수업료를 냈다고 생각하자. 잘못된 투자로 잃은 돈이 오히려 나를 더 큰 부자로 만들어주는 성공의 열쇠가 될 것이다.

하락장이 와도
시장을 떠나면 안 되는 이유

평범한 사람이 부자가 되지 못하는 이유 중 하나는 어떤 투자를 하든 빠른 성과를 얻으려고 하기 때문이다. 쉽게 달아올랐다가 쉽게 식어버리곤 한다. 가격이 빠르게 오르지 않으면 관심을 갖지 않는다. 그래서 암호화폐 투자시장에 수많은 사람들이 몰렸던 게 아닐까? 그런데 진짜 부자가 된 사람들은 상승장이든 하락장이든 시장에 꾸준히 관심을 가지고 플레이어로 남아 있다. 상승장에서 하락장으로 넘어가는 시기에는 자산의 비중을 줄이고 현금을 늘리는 전략을 쓴다. 반대로 하락장에서 상승장으로 변곡이 생기는 시점에는 현금을 자산으로 바꾸는 데 집중한다. 즉 투자금의 비중을 조정하는 것이지, 시장에서 돈을 완전히 다 빼지는 않는다.

과거를 돌아보았을 때 하락장은 대부분 기회의 시간이었다. 상대적으로 저렴한 가격으로 자산을 살 수 있기 때문이다. 시장에 돈을 묻어두어야 관심이 간다고 했다. 내 돈을 시장에 참여시켜놓지 않았다면 자산이 저렴한지 비싼지조차 관심이 없어지는 것이 인지상정이다. 돈은 준비된 사람의 것이라는 말이 있다. 기회는 자신도 모르는 순간 지나가버린다. 시장에 참여하면서 준비하는 사람에게는 기회가 오니 시장에서 완전히 떠나면 안 된다. 기다리는 사람에게는 큰 기회가 온다는 점을 기억하자.

기록하기: 성공과 실패 사례를 복기하자

투자는 예습이 아니라 복습이다

투자는 실패와 성공의 연속이라고 할 수 있다. 매번 성공만 한다는 투자자는 거짓말을 하고 있을 확률이 높다. 사람은 신이 아니기에 미래를 전부 예측할 수가 없다. 불확실한 미래에 대비해서 대응하고 대처한다는 표현이 맞을 것이다. 미래를 예측할 수는 없지만, 과거 사례를 철저하게 복습하고 복기하면 미래의 불확실성에 어느 정도 대응할 수 있다. 과거 사례를 통해 실수를 줄일 수 있고 무리한 투자를 하지 않게 된다. 많은 수익을 내는 것도 중요하지만 더욱더 중요한 것은 잃지 않는 것이다.

잃지 않고 안전한 투자를 위해 꼭 해야 할 일이 실전 투자에서 얻은 경험과 사례 복습이다. 무엇보다 자신만의 투자노트를 만드는 것을 추천한다. 사람은 망각의 동물이다. 기록하지 않으면 모든 것을 기억할 수 없다. 성공한 투자자들은 어떠한 형식으로든 투자노트를 가지고 있다. 노트에 적기도 하고 블로그나 SNS에 공유하기도 한다. 투자를 실행했을 때 왜 이런 판단을 했는지 투자노트에 써놓고 그 결과를 잘 적어놓으면, 나중에 그 투자노트가 자기만의 기준이 되고 불확실한 미래에 대처하는 무기가 된다.

투자노트를 작성하는 정해진 방법은 없지만 다음과 같은 내용이 들어가면 큰 도움이 된다.

투자노트 예시

주식

- 20.03.01 HMM 100주 매수: 3,100원, 코로나 종식 시 반등 여지 있는 회사
- 20.04.10 네이버 50주 매수: 28만 원, 비대면 시대 수혜주
- 21.07.10 삼성전자 40주 매도: 7만 5천 원, -12% 손실(재무제표상 영업이익 과대평가)

부동산

• 19.12.15 OO신도시 분양권 매수: 4억 8천만 원, 주변 개발 중으로 현재
미분양이지만 청약경쟁률이 조금씩 높아지고 있어 반등의 여지 있음

개인 블로그
활용하기

개인 블로그나 SNS를 활용해 일주일에 한 번씩 투자노트를 작성해보자. 일주일 동안 자산이 어떻게 변화했고 그 자산 가격이 왜 변동했는지를 분석하는 글을 쓰는 것이다. 특히 블로그를 활용하면 그 자산과 관련된 기사, 그래프 등 자료를 쉽게 첨부할 수 있어 편리하다. 시간이 지나서 보더라도 당시에 어떤 이슈가 있었는지 쉽게 확인할 수 있다. 또한 댓글로 소통하며 다른 투자자들의 생각을 엿볼 수 있기에 투자에 대한 식견이 넓어진다는 장점이 있다.

초보자라면 다른 사람들에게 자신의 글과 투자노트를 보이기가 꺼려질 것이다. 왜냐하면 아직 투자에 자신감이 없기 때문이다. 하지만 이러한 자극이 자신을 더욱더 견고하고 단단한 투자자로 만들어준다는 점을 꼭 기억하자. 블로그에 올린 투자 자료가 일주

일, 한 달, 1년, 2년 누적되면 자기만의 확고한 투자 철학이 생긴다. 기록하는 과정에서 공부도 되고 투자 수익을 창출하는 원천이 될 수도 있다. 또한 그 기록으로 정보 생산자가 되어 추가 소득을 얻을 수도 있다.

월급은 적지만 부자는 되고 싶어

"투자의 제1원칙: 절대로 돈을 잃지 말라,
투자의 제2원칙: 제1원칙을 절대 잊지 말라."

_ 워런 버핏

① 경제신문을 읽어 최신 트렌트를 파악하자

- 초보자라면 가급적 종이신문을 읽자.

- 신문 전체를 꼼꼼히 읽으려 하지 말고 관심 있는 부분만 보자.

- 신문을 읽는 이유는 사람들의 성향을 파악하는 데 목적이 있다. 신문
  에 나와 있는 정보로 투자를 하려고 하면 낭패를 본다.

② 책 읽기는 부자들의 공통점이다

- 부자들은 모두 책 읽기에 몰두했다.

- 책은 가성비가 가장 좋은 교재다. 단돈 2만 원으로 저자의 인생 노하
  우를 배울 수 있다.

③ 전문가에게 배우고 싶다면 강의를 들어라

- 멘토를 만드는 것이 무엇보다 중요하다. 책에서 가르쳐주지 않는 저
  자의 핵심 노하우를 강의에서 배울 수 있다.

- 진짜 전문가와 가짜 전문가를 꼭 구별해서 멘토를 설정해야 한다.

④ 스터디 그룹을 활용하면 공부를 오래 지속할 수 있다

- 인간의 의지는 나약하므로 혼자 어떤 일을 하려고 하면 유지하기가 쉽지 않다. 하지만 주변에 같은 목표를 가진 동료가 있다면 서로에게 도움을 줄 수 있다.
- 온라인 채널에서 스터디원을 모집하거나 기존에 형성된 스터디에 참여해보자.

⑤ 내 돈을 넣어야 관심이 간다

- 투자하지 않고 공부만 하면 반쪽짜리 공부다. 내 돈을 시장에 넣어두고 그 흐름을 보는 것이 최고의 공부다.
- 내 돈이 들어가 있으면 마인드가 달라진다. 실전 투자를 해보자.

⑥ 성공과 실패 사례를 기록하고 복기하자

- 실패 없이 성공한 부자는 없다. 실패를 딛고 일어섰을 때 진짜 부자가 탄생한다. 같은 실수를 계속하는 것만큼 아둔한 짓은 없다.
- 투자노트를 만들어서 자신이 왜 그런 의사결정을 했는지 기록하고 복기하자. 성공 사례와 실패 사례 모두 도움이 된다.

PART 3

고정소득을
높이면
목표에 더 빨리
갈 수 있다

월급 250만 원의
숨은 의미

직장인이 제일 행복한 때는 월급을 받을 때가 아닐까 싶다. 월급을 받을 때는 기분이 좋지만 하루 이틀이 지나 카드사, 은행, 통신사 등등에서 소중한 월급을 가져가면 남는 것이 없다며 한탄하기도 한다. 월급이 너무 적다고 불평하지만 내가 받는 월급의 숨은 가치를 한번 생각해볼 필요가 있다.

만일 250만 원의 고정적인 급여를 받고 있다면 이 월급의 숨은 가치가 어느 정도인지 생각해보자. 시중은행 정기예금 금리를 1.5%라고 하면 20억 원을 은행에 넣어두어야 한 달에 250만 원씩 고정적으로 받을 수 있다. 상가의 수익률이 약 4% 정도라고 하면 7억 5천만 원짜리 상가 건물을 소유하고 있어야 고정적으로 250만 원을 받을 수 있다. 20억 원의 금융 자산가, 7억 5천만 원짜리 건물주라고 생각하면 직장생활을 함으로써 받는 월급의 가치가 더 크게 느껴질 것이다.

매달 받는 월급의 또 다른 숨은 가치는 은행에서 대출을 잘 받을 수 있다는 것이다. 이는 단순히 매달 나오는 돈의 의미를 넘어서는 가치다. 월급 250만 원의 가치를 계산해보자. 은행에서 보수적으로 얼마큼의 돈을 빌려줄지를 생각해보면, 월급의 100만 원정도는 최저 생계비로 써야 하니 150만 원까지는 이자로 낼 수 있겠다는 생각이 든다. 매월 150만 원의 이자를 낸다고 하면 연 대출이자 3%를 기준으로 6억 원의 돈을 빌릴 수 있다. 거꾸로 이야기하면 금리가 3%일 때 6억 원의 월 이자가 150만 원이다.

만약에 내가 6억 원을 활용해 10% 이상의 고정적인 수입을 낼수 있다고 하면 은행 이자를 제외하고도 6억 원의 7%인 4,200만원의 이익을 얻을 수 있게 된다. 6억 원을 모으려고 하면 엄청난시간과 노력이 필요하지만 안정적인 급여를 받는다는 점 때문에이런 큰돈을 운용할 수 있는 것이다. 은행은 고정적으로 꼬박꼬박월급을 받는 월급쟁이를 선호한다. 자영업자보다 안정적이어서

월급은 적지만 부자는 되고 싶어

연체할 확률이 낮기 때문이다. 공무원이거나 공기업처럼 비교적 안정적인 직장을 다닌다면 낮은 금리와 더 높은 한도로 대출을 받을 수도 있다. 이런 레버리지를 활용할 수 있는 것과 그렇지 않은 것은 시작부터 큰 차이가 난다. 월급 250만 원의 숨은 가치가 이 정도다. 그러니 월급이 적다고 불평만 하지 말고 열심히 일하자. 단, 일하지 않아도 돈이 나오는 자동화 시스템을 만들기 전까지만 말이다.

고정적으로 생기는 돈의 힘

'비정규적으로 받는 돈'과 '정규적으로 받는 돈'의 가치는 다르다. '로또 1등 당첨자의 불행' '로또의 비극'이라는 말을 들어본 적이 있을 것이다. '거액의 당첨금을 흥청망청 쓰다 빈털터리가 되었다.' '돈 때문에 배우자와 이혼하고 가족들과도 인연을 끊고 혼자 산다.' 등 좋은 이야기보다 안 좋은 이야기가 더 많이 들리는 이유는 무엇일까? 큰돈을 다룰 수 있는 그릇이 안 되는 사람에게 많은 돈은 오히려 독이 된다. 폭우처럼 쏟아지는 돈은 관리가 힘들다. 로또 1등보다 연금복권에 당첨되는 것이 좋다고 하는 이유가 여기에 있다. 거액의 당첨금을 받은 사람들은 직장을 그만두거나 새로운 사업을 시도하다가 실패하는 경우가 많다고 한다. 반면에 연금복권에 당첨된 사람들은 보통 매달 고정적인 당첨금을 받으면서 회사에 똑같이 출근했다고 한다. 오히려 로또 당첨자들보다 안정적으로 부자가 될 수 있었던 것이다. 이게 바로 고정적인 돈의 힘이다.

『돈의 속성』저자인 김승호 회장도 '일정하게 들어오는 돈의 힘'을 강조한다. 가령 매달 100mm씩 비가 오면 농작물이 잘 자랄 수 있지만 1년에 한 번 1,200mm의 폭우가 내린다면 농사를 망치게 된다. 브라질의 렌소이스 사막은 연간 강우량이 1,600mm나 되지만 농사를 지을 수 없다고 한다. 비가 6개월에 한 번씩 몰아서 내리기 때문이다. 우리가 버는 돈도 비와 같다. 매달 고정적으로 들어오는 돈인 급여, 배당금, 월세 등은 질이 좋은 돈이고 복권 당첨금같이 한 번에 몰아쳐서 받는 돈은 질이 나쁜 돈이다. 일정하게 받는 돈은 뭉쳐서 큰 힘을 갖는다.

주변에 프리랜서로 일하는 분이 있어 대화를 나눈 적이 있다. 그분은 일감이 많아서 일을 많이 하면 그달은 수입이 괜찮은데 언제 일이 끊길지 몰라 불안하다는 이야기를 종종 했다. 특히 혼자일 때는 괜찮았는데 가족이 생기고 나니 고정비용이 많이 들고 장기적으로 계획을 세우기가 힘들다고 했다. 또 한 번에 큰돈이 들어오면 보상심리가 생겨 충동적인 소비를 더 많이 하게 된다고 했다. 다음 달에도 큰돈을 벌 수 있을 것 같은 환상에 젖는 경우가

월급은 적지만 부자는 되고 싶어

많다고도 했다. 처음엔 돈을 많이 버는 것 같아서 좋았는데 시간이 지나고 나니 막상 자신에게 남아 있는 돈이 별로 없다며 한탄했다. 지금은 오히려 고정적인 월급을 받으면 좋겠다고 한다.

유명 연예인이나 고액의 연봉을 받던 운동선수가 건물주가 되었다는 이야기를 많이 들어보았을 것이다. 연예인이나 운동선수는 고정적인 수입을 받기 힘들다. 인기 연예인일지라도 일이 많을 때와 없을 때가 있고 그 인기가 영원할지 알 수 없다. 운동선수는 평생 잘나가는 현역일 수가 없다. 일할 수 있는 시기가 확실하지 않기에 안정적인 월세가 나오는 건물이 필요한 것이다. 비정기적인 돈을 정기적으로 나오는 돈으로 바꿔놓은 셈이다. 우리도 마찬가지다. 매월 받는 급여를 잘 투자하고 불려서 고정적으로 현금흐름이 발생하는 자산에 투자해야 한다.

친구가 어느 날 나에게 돈을 빌리러 왔다고 가정해보자. 친구 A는 매달 300만 원을 받는 공무원이고, 다른 친구 B는 1년에 4천만 원 정도를 버는 프리랜서 디자이너다. 이 친구들이 나에게 1천만 원을 빌려달라고 했을 때 누구한테 돈을 빌려주는 것이 더 안전할까? 여기서 친구와의 우정과 의리 같은 것은 배제하고 내 돈을 온전히 돌려받을 수 있을지에 대해서만 고려해보면 답이 금방 나올 것이다. 은행도 안정적인 월급을 오랫동안 받을 수 있는 공무원을 우대해준다. 일반 기업에 다니는 사람보다 대출한도가 더 높고 대출금리도 더 저렴하다. 은행은 공무원이 더 오랜 기간 고정적인 월급을 받기 때문에 이런 혜택을 주는 것이다. 고정적인 급여를 받는다는 것은 신용이 높다는 말과도 같다.

앞에서 보았던 사례들을 보면 한 번에 몰아치는 돈은 관리하기가 힘들고 쉽게 들어온 만큼 쉽게 나간다. 정규직 직장인, 특히 사회초년생은 급여는 적게 받고 일은 많이 하므로 회사에서 먼저 나가라고 하는 경우는 없다. 그러면 최소한 10년 이상은 장기적으로 우상향하는 현금흐름을 가지게 된다. 현금흐름이 좋다는 것은 신용이 좋다는 뜻이므로 이 기간을 최대한 활용해야 한다. 직장인의 최대 강점인 고정적인 급여를 통해 미래를 안정적으로 계획할 수 있다. 자본주의라는 거친 파도를 헤쳐 나가는 데 월급은 튼튼한 돛이 되어줄 것이다.

아끼는 것만으로는
한계가 있다

투자를 위해 종잣돈을 모을 때 가장 처음 할 일은 아끼는 것이라고 앞서 이야기했다. 특히 미혼이나 신혼부부라면 더 줄일 만한 지출이 없는지 한 번만 더 점검해보자. 아이가 태어나기 전에는 줄일 항목이 많고 덜 중요한 소비를 조금만 포기하면 큰 비용을 줄일 수 있다. 현실적으로 아이가 태어나면 자녀에게 들어가는 비용까지 절약하기는 쉽지 않다. 아껴보려고 해도 예상 외의 비용이 나갈 일이 생길뿐더러, 자녀에게 들어가는 비용을 절약하다 보면 '내가 왜 이렇게까지 하며 살지?'라는 생각과 함께 슬럼프가 올 수도 있다. 그러니 그전에 최대한 종잣돈을 모으기를 추천한다.

본인의 현금흐름표를 보고 더 줄일 것이 없다고 판단되면 아끼는 것은 거기까지다. 더 아끼려고 해봐야 노력 대비 효율이 나지 않는다. 자신이 버는 수입의 절댓값을 극대화할 방법을 찾아야 한다. 가능하기만 하다면 학생 시절로 돌아가서 의사와 같은 전문직이 되도록 준비하면 좋겠지만 이는 불가능한 일이다. 현실적으로 지금보다 수입을 늘리는 방법을 심각하게 고민해봐야 한다. 특히 자신이 근로자 평균소득 이하의 급여를 받고 있다면 반드시 필요한 일이다.

수입을 올리는 방법은 크게 두 가지가 있다. 자신이 일해서 버는 노동소득의 효율을 극대화하거나, 일하지 않아도 수입이 들어오도록 돈이 일하게 하는 '노동(돈)'의 시스템을 만드는 것이다. 두 가지 방법 중에서 한 가지만 해서는 빠르게 부자가 될 수 없다. 두 가지를 전부 시도해야 한다. 우선순위를 정한다고 하면 우선 노동소득의 효율을 극대화하는 것이 먼저다. 노동으로 버는 수입을 최대한으로 늘려 종잣돈을 모으고 그렇게 모은 돈으로 매월 일정 금액이 들어오는 자산에 투자하면 된다. 우리가 원하는 목적지에 빠르게 가려면 수입을 절대적으로 늘려야 한다. 느리게 부자가 되고 싶은 사람은 아무도 없지 않은가.

월급은 적지만 부자는 되고 싶어

우수사원이 되어
연봉 올리기

대부분 직장에서는 성과 연봉제를 사용하고 있다. 회사마다 다르겠지만 인사고과에 따라 연봉상승률은 크게 차이가 난다. 내가 다니는 회사만 봐도 종합인사평가에서 '우수(excellent)' 평가를 받으면 같은 직급이어도 계약 연봉이 약 1천만 원 정도 차이가 난다. 또한 연봉 계약은 작년 대비 상승률을 누적해서 적용해 2~3년 연속 좋은 평가를 받은 직원은 기본 평가를 받은 직원보다 연봉을 1,500만 원 이상 더 주기도 한다.

나 같은 경우에도 성과를 잘 내서 고정소득을 올리는 데 큰 도움이 되었다. 성과를 내기 위해 껄끄러운 선배일지라도 일 잘한다는 소문이 났으면 귀찮게 따라다니면서 물어보며 일을 배웠다. 간혹 업무시간에 개인 용무를 지나치게 많이 보거나 주식을 하는 직원들을 보곤 한다. 옆에서 지켜보면 결국 회사생활에서도 좋은 평가를 받지 못하고 재테크도 성공하지 못하는 경우가 대부분이었다. 선택과 집중이 필요하다. 회사 업무시간에는 성과를 낼 수 있도록 집중해서 일해야 한다. 두 마리 토끼를 잡으려다가 두 마리 다 놓치는 것이 일반적이다. 차라리 근무시간에는 집중해서 일을 빠르게 처리하고 '칼퇴근'한 후 개인적인 공부나 투자를 하는 것이 효율적이다.

일 잘하는 우수사원이 되면 회사에서 시상금을 받아 부수입을 올릴 수도 있고 해외연수를 갈 수 있는 기회도 생긴다. 일 잘하는 사람이 운신할 수 있는 폭과 일 못하는 사람이 운신할 수 있는 폭은 절대적으로 다르다는 것을 기억하자. 또한 한번 좋은 이미지가 형성되면 그다음부터는 오히려 업무를 수행하기가 수월해진다. 상사나 선배가 내가 하는 업무에 대해 지적을 하지 않으면 그만큼 업무시간을 효율적으로 사용할 수 있다.

잘 생각해보자. 일도 못하는 사람이 사업을 잘할까? 그렇다고 투자를 잘할까? 주변을 보면 대개 일 잘하는 사람이 뭐든 다 잘한다. 직장인은 연봉을 상승시키는 것이야말로 노동소득을 극대화할 수 있는 가장 쉽고도 확실한 방법이다. 일 잘하는 직원이 되면 상사에게 실적의 압박은 받지만, 업무 자체에서 오는 스트레스는 조금 덜한 것이 사실이다. 현명하게 잘 대처한다면 연봉 상승과 칼퇴근하는 직장생활 모두 잡을 수 있다.

이직해서 연봉 올리기

회사에 입사하고 약 3년에서 5년 정도 경력을 쌓았다면 동종업계에서 좀 더 상위권의 회사나 연봉을 높여주는 회사로의 이직

월급은 적지만 부자는 되고 싶어

을 고려해보는 것도 좋은 방법이다. 딱 이 정도 연차의 직원이 일 처리도 빠르고 조직에 융화도 잘 되기에 경력직 채용 시에 선호한 다고 한다. 회사마다 직급체계는 다르지만 보통 대리급 인력을 경력직 채용시장에서는 선호한다. 상위 회사로 이직하려면 최소한 자신이 맡은 직무에서 명확한 커리어가 있어야 한다.

이직 성공의 핵심 요소는 두 가지다. 첫 번째는 업무에 대한 커리어다. 자신이 맡은 프로젝트에 대한 명확한 이해와 직무 노하우, 팀에서 어떤 역할을 했는지가 중요하다. 주도적인 역할을 했는지 변죽만 울리고 다녔는지 말이다. 만약 자신의 직무와 관련된 자격증이 있다고 하면 라이선스가 있는 것과 없는 것의 차이는 분명히 난다. 직무 관련 자격증은 입사 1~2년 안에 취득할 생각을 하는 것이 좋다. 보통 신입사원 때는 근무 중에도 여유가 있고 회사에서 정책적으로 교육을 시켜주는 경우가 많기 때문에 이 기회를 절대 놓치면 안 된다.

두 번째는 회사 내에서 나에 대한 평판이다. 사람들은 평판을 쉽게 생각하는 경우가 있는데 평판이 이직 성공의 요소다. 경력직 채용시장은 직원을 채용해서 바로 현업에 투입할 사람을 뽑는 것이다. 사람이 보는 눈은 다 비슷하다. 지금 회사에서 일 잘하는 사람은 다른 회사에 가서도 일을 잘하고 지금 회사에서 일 못하는 업무 부진자는 다른 회사에 가도 마찬가지다. 그렇기에 인사 담당자들은 평판을 가장 중요하게 생각한다.

이직에 성공한 동기들의 이야기를 들어보면, 처음 1년 정도는 적응하기가 힘들었는데 시간이 지나고 나니 괜찮아졌다고 한다. 어느 회사를 가든 업무는 대부분 비슷하기 때문이다. 이직을 위해 한 가지 당부하고 싶은 말은 어느 회사를 가든 일은 비슷하니 단순히 회사가 다니기 싫어서, 일하기 싫어서 이직을 하지는 말라는 점이다. 명확한 연봉 상승이 있을 경우에만 이직하는 게 현명한 처사다. 이것은 이직한 선배와 동기들의 이야기를 들어보고 내린 결론이다.

　물론 연봉이 상승해야만 이직하는 것은 아니다. 현재 다니는 회사가 야근이 너무 많거나 출퇴근 시간이 길어서 퇴근 이후에 자신에게 투자할 시간적인 여유가 없다면, 일과 삶의 균형을 위해 과감히 이직한 후 자신에게 투자하는 것도 나쁘지 않다. 시간을 버는 것이 곧 돈을 버는 것이다.

　정리하면, 이직도 고정소득을 올리는 방법 중 하나다. 이직을 통해 현재 받고 있는 연봉보다 몸값을 올릴 수 있거나, 자기만의 시간을 가질 수 있다면 두려워하지 말고 과감히 도전해보자.

　　　　　　　　　　　　　　　　월급은 적지만 부자는 되고 싶어

회사에서 인정받는 꿀팁

① 출근할 때 웃으며 큰 소리로 인사하기(선후배 모두)

인사만 잘해도 좋은 이미지를 준다. 같은 부서 사람이 아니어도 인사를 잘하면 언젠가는 그 인사의 힘이 돌아오게 되어 있다. 인사만 잘해도 좋은 평판이 생긴다.

② 출근 시간 20분 전에 출근해 업무 준비하기

모든 일을 할 때 계획을 하고 순서에 맞춰서 일을 하는 것과 주먹구구식으로 일하는 것은 전혀 다르다. 출근을 하면 오늘 해야 할 일에 대해 생각하고 정리하는 시간을 꼭 가져야 한다. 너무 일찍 나갈 필요도 없다. 딱 20분이면 족하다.

③ 자리 정돈과 청소 깔끔하게 하기

지저분한 책상에서는 집중을 하기 힘들고 정신이 없어 실수를 하기 마련이다. 자리를 정리하고 서류를 분류하는 것이 업무의 기본이다. 사람들은 이것저것 모든 일을 동시에 잘할 수 있다고 생각하는데, 이는 오산이다. 대부분의 사람은 싱글 플레이밖에 하지 못한다. 정리 정돈이 잘 되지 않은 책상에서는 한 가지 일에 집중을 못 하게 된다. 업무의 시작은 정리 정돈부터다.

④ 모르면 무조건 질문하자

모르는 것을 아는 척하지 말자. 모르는 부분이 있으면 선배나 상사에게 질문해야 한다. 질책을 받을까 봐 아는 척하고 있다가 나중에 더 큰 문제가 될 수 있다. 당장의 위기를 모면하려고 더 큰 과오를 범하지 말자. 오히려 솔직하게 질문하는 직원은 더 신뢰가 간다. 다만 한 번 질문한 것을 두 번 세 번 물어보는 건 안 된다. 오히려 무능한 직원이라고 낙인찍힐 수 있다. 나 같은 경우에는 모르는 부분에 대해 피드백을 받으면 꼭 메모를 해둔다.

⑤ 회사의 업무 매뉴얼을 달달 외우자

회사에서 가장 빠르게 인정받는 방법은 업무 지침을 외우는 것이다. 회사생활을 오래 한 상사나 선배도 지침을 완전히 다 알지는 못한다. 상사나 선배가 매뉴얼을 물어봤는데 막힘없이 대답하면 보는 눈이 달라진다. 또한 내가 업무를 할 때 지침을 찾아보지 않아도 되기 때문에 업무 속도가 빨라진다.

월급은 적지만 부자는 되고 싶어

백지장도 맞들면 낫다,
맞벌이

둘이 벌면
소득도 2배

맞벌이를 하면 소득이 1.5~2배가 되므로 경제적으로 확실히 여유로워질 수 있다. 특히 신혼부부는 자녀가 태어나기 전에 최대한 아끼고 소득을 저축을 해야 한다. 집안마다 사정은 다르겠지만 육아의 부담이 없을 때는 배우자가 함께 맞벌이할 것을 추천한다. 육아를 본격적으로 하는 시기가 되면 현실적으로 회사생활과 육아를 병행하기가 쉽지 않다.

외벌이 가정에서 고정소득을 올리기는 어려운 일이다. 우수사원이 되어 연봉이 오른다고 해도 소득이 한 번에 2배가 되는 일은 생기지 않는다. 하지만 맞벌이를 하면 가능하다. 그렇게 되면 종잣돈 모으는 기간을 현저히 줄일 수 있다. 종잣돈을 모으는 기간이 줄어든다는 것은 경제적 자유를 얻는 시기도 앞당겨진다는 뜻이다.

맞벌이를 하면서 부부가 같이 종잣돈을 모을 때 주의해야 할 점이 두 가지 있다. 첫 번째는 돈 관리를 함께 해야 한다는 것이다. 부부는 경제 공동체다. 각각 버는 돈을 서로 철저하게 확인하고 숨김이 없어야 신뢰가 깨지지 않는다. 서로를 믿지 못해 각자 비상금을 만드는 형태라면 경제적 자유를 이루는 데 시간이 한참 걸리게 될 것이다.

두 번째는 보상심리로 인한 소비를 억제해야 한다. 우리 부부는 맞벌이를 하며 고생스럽게 돈을 벌었는데도 생각보다 돈이 모이지 않았다. 그 이유는 알고 보니 주중에는 일에 치여 자연스럽게 배달음식을 시켜 먹고 주말에는 보복소비를 하기 때문이었다. 많이 벌었지만 그만큼 소비를 많이 하니 남는 게 없었다. 맞벌이를 하면서 가장 경계해야 할 점이 바로 이것이다. 맞벌이로 소득이 2배가 되는 건 맞지만 지출도 함께 2배가 되면 아무 의미가 없다. 맞벌이 부부라면 지치고 힘들다고 매번 돈으로 보상하는 일은 경계하자.

월급은 적지만 부자는 되고 싶어

하기 싫고 힘든 일은
떠넘기자

직장생활과 집안일을 병행하다 보면 서로가 지쳐 부딪히는 경우가 많다. 설거지, 청소 등 사소한 일 하나로도 마음이 상하고 다툼이 생기기도 한다. 사람은 힘들면 당연히 짜증이 나게 되어 있다. 근본적인 해결책은 힘들지 않게 하는 것이다. 문제를 해결하기 위해서는 과감히 투자할 필요도 있다.

무조건 아끼고 안 쓰는 것만이 능사는 아니다. 단순히 유희를 위한 소비는 낭비이지만 더 큰 효율을 위한 소비는 투자다. 가령 배우자가 집안일을 힘들어하면 일주일에 한 번 정도 가사도우미를 부르는 식이다. 비용이 들지만 나와 배우자가 조금 더 여유롭게 휴식을 취하며 좋은 컨디션을 유지할 수 있다고 하면 그것으로 성공이다. 회사에서도 스트레스를 많이 받는데 집에서는 스트레스를 받으면 안 된다. 또한 집안일 중에서 가전제품에 떠넘길 수 있는 일은 떠넘겨보자. 우리 부부는 설거지를 매우 귀찮아했는데 식기세척기를 사용하니 신세계가 펼쳐졌다. 식기세척기를 구매하는 비용은 조금 들었지만 그 가격 이상의 만족감을 얻었다.

하기 싫고 힘든 일을 남이나 기계에 떠넘기라고 했지만 배우자에게 떠넘기는 건 절대 안 된다. 항상 자신이 솔선수범해야 한다. 배우자가 먼저 청소하고 설거지를 하는데 가만히 있을 사람은 없을 것이다. 배우자가 미동도 없다면 일주일 정도만 아무 말도 하지 말고 묵묵히 해보자. 분명히 배우자에게도 변화가 생겨 먼저 행동하고 있을 것이다. 맞벌이를 경험해본 선배로서 말하건대 상대방에 대한 배려가 없이는 맞벌이를 유지하기 힘들다. 가정의 평화 없이는 경제적인 평화도 없다는 것을 꼭 기억해야 한다.

부모님께 도움을 요청하자

현실적으로 맞벌이 부부인 경우에 육아는 대부분 부모님의 몫이 된다. 외부 사람을 쓰게 되면 비용도 비용이지만 자녀를 잘 돌봐줄지 걱정이 들기 때문이다. 그래서 대부분의 가정은 아이가 생기면 처갓집 근처로 이사를 간다. 아내 입장에선 당연히 친정엄마가 더 편하다. 노부모님이 평생 자녀를 키우고 손자, 손녀까지 돌보기란 쉽지 않다. 자녀를 위해 부모님의 노후가 저당 잡히는 셈이다. 하지만 아이를 믿고 맡길 수 있는 부모님께 도움을 요청하는 것이 가장 현실적이다. 신혼 때부터 부모님을 자주 찾아 뵙고 효도한다면 부모님도 기꺼이 도움을 줄 것이다.

결국 나를 이해하고 도와줄 사람은 부모님밖에 없다. 첫째가 태어났을 때는 장모님이 아이를 1년간 봐주셨고 아내도 처가에서 몸조리를 해서 조금은 수월했다. 아이가 어릴수록 손이 많이 간다. 나중에는 양가 부모님이 시골로 이사를 가시면서 부득이하게 우리 부부가 육아와 직장생활을 같이 했는데 아이와 우리 부부 모두 힘든 시간이었다.

기왕이면 부모님께 용돈을 많이 드려서라도 부탁드리는 것을 추천한다. 부모님께는 죄송스러운 이야기지만 용돈을 많이 드려도 결국 손자, 손녀에게 맛있는 것 사주시고 장난감도 사주신다. 자식 입장에서는 고마울 따름이다. 양가 부모님 중 한쪽 부모님께만 너무 치우치면 힘드니 적절히 분산해 도움을 요청하는 것이 현명한 방법이다. 가급적 아이가 태어날 쯤에 부모님이 계시는 근처로 이사하기를 권한다. 맞벌이 부부라면 아이가 태어나고 최소 2~3년 정도는 부모님의 도움이 절실하다.

왜 블로그가
필수일까?

직장에서 우수사원이 되어 연봉을 올리라고 제안했지만 이 방법도 한계는 있다. 직장에서 제공하는 직급별 최고 연봉을 받고 있다면 아무리 노력해도 더 많은 돈을 주지 않는다. 프리랜서가 아닌 일반 회사의 정규직은 직급별 한도액이 정해진 경우가 대부분이다. 그래서 어떻게 하면 월 소득을 늘릴 수 있을까 고민하다 보니 직장인도 쉽게 할 수 있는 블로그를 알게 되었다. '블로그는 이제

월급은 적지만 부자는 되고 싶어

한물가지 않았나?' 하는 생각도 들 수 있다.

우리나라의 검색 포털 점유율은 네이버가 독보적이다. 가령 '미국 주식 계좌 만드는 법'이라고 네이버에 검색해보자. 최상단에 노출되는 것은 블로그 페이지와 뷰(VIEW) 탭이다. 뷰 탭은 네이버 카페와 블로그를 합쳐놓은 것이라고 보면 된다. 보통 카페 글보다는 블로그 글이 상단에 노출되는 경우가 많다. 즉 내가 써 놓은 포스팅(글)을 불특정 다수에게 노출시킬 수 있다.

'사람들에게 노출되는 게 왜 좋은 거지?' 하는 생각이 들 것이다. 사람들에게 많이 노출된다는 것은 돈이 된다는 말이다. 트래픽이라고도 하는데, 블로그에 사람들이 많이 방문할수록 블로그의 영향력이 커지고 그 영향력을 이용해 수입을 얻을 수 있다. 블로그를 2020년 9월부터 본격적으로 시작해 한 달간 열심히 1일 1포스팅을 하면서 블로그에 대한 감을 잡았고, 키워드 분석과 블로그 지수 대비 노출 강도 등을 분석했다. 그러자 두 달 뒤에는 하루 평균 방문자가 3천 명까지 늘어나게 되었다.

블로그의 방문자 수가 많아지면 기업들은 그 블로그를 통해 마케팅을 하고 싶어 한다. 파급력이 엄청나기 때문이다. 기업에서는 신제품을 출시할 때 '바이럴 마케팅' 기법을 많이 사용한다. 사람들의 입소문을 통해 마케팅을 하는 기법이다. 즉 기업들이 제품을 효과적으로 홍보하기 위해 블로거들에게 제품과 원고료를 주면서 포스팅을 하게 하는 것이다.

블로그로 수익을 내기 위해서는 하루 평균 방문자가 1천 명 정도는 되어야 한다. 블로그만 잘 운영하고 관리해도 원고료, 제휴상품, 애드포스트(네이버 광고수익)를 통해 월 80만 원 정도의 수익은 누구나 올릴 수 있다. 하루 3시간 정도만 투자하면 된다. 하루 3시간으로 월 80만 원의 현금흐름을 만들 수 있는 것이다. 초보 블로거는 원고료보다 제품을 받는 경우가 많다. 나는 재테크에 관심이 많아서 평소에 책을 많이 구매해 읽었는데, 블로그를 시작하면서부터는 신작으로 출간되는 책을 한 달에 5권 이상은 무상으로 받아서 읽고 리뷰를 쓰고 있다. 파워블로거로 성장한다면 무상으로 많은 신간을 받아서 볼 수 있을 것이다.

파워블로거라고 하면 일 방문자 수 1만 명 정도를 말한다. '인스타는 뜨는 해, 네이버는 지는 해'라고 하지만 인스타그램과 네이버는 영역이 전혀 다른 미디어다. 사람들은 정보를 찾을 때 인스타그램에서 검색하지 않는다. 검색에 강한 건 네이버다. 네이버는 열심히 포스팅을 해주는 블로거들을 우대해 글을 상위에 노출시켜준다. 결국 네이버와 블로거는 동업자 관계인 것이다. 물론 네이버가 엄청 큰 갑이긴 하다. 갑작스러운 정책 변화로 인해 노출순위가 바뀌거나, 돈이 되는 정보 검색은 대부분 광고료를 내는 광고주에게 최상단 노출을 시켜준다. 네이버에서 검색하면 상단에 뜨는 '파워링크'를 말하는 것이다.

블로그로 수익 내기 위한
5단계 실천 방법

블로그로 수익을 실현하는 방법은 포스팅을 써주고 원고료를 받는 것, 블로그 채널을 이용해 상품을 판매하는 것, 물건이나 서비스를 무상으로 제공해주는 체험단에 참여하는 것으로 정리해볼 수 있다. 추가로는 애드포스트(노출 정도에 따른 광고수익을 얻는 방법) 정도일 것이다. 블로그만 잘해도 수익화할 수 있는 방법이 많이 있다. 노출을 극대화해서 단기적인 수익을 얻는 방법도 있지만 내가 생각하는 블로그의 궁극적인 목적은 자신을 브랜딩해서 인플루언서로 성장하는 것이다. 네이버에서는 양질의 정보를 제공한 대가로 인플루언서라는 직함을 달아주고 일반 블로거보다 우대해준다. 광고수익을 측정할 때도 단가를 높여주고 특정 키워드에 대해서는 인플루언서만 상위 노출을 시켜주는 정책적 지원을 하고 있다. 그럼 블로그로 어떻게 수익 실현을 할 수 있는지 실천 방법을 알아보자.

① 블로그 주제 정하기

어떤 주제를 선정하는지에 따라 수익화 및 블로그 성장에 큰 영향을 미친다. 주요 블로그 주제를 언급해보면, 문학·책, 영화, 음악, 드라마, 방송, 일상·생각, 육아·결혼, 반려동물, 패션·미용, 인

테리어·DIY, 요리·레시피, 원예·재배, 게임, 스포츠, 자동차, 취미, 여행, 맛집, IT·컴퓨터, 건강·의학, 비즈니스·경제, 어학·외국어, 교육·학문 등이 있다. 자신이 가장 관심 있고 잘 아는 분야를 주제로 삼는 것이 좋다. 모르는 분야나 관심 없는 분야를 선정하면 글을 쓰는 일이 매우 고되다.

② 1일 1포스팅 하기

의무적으로 하는 1일 1포스팅이 의미가 없다고 하는 사람들도 있지만 초보자는 아직 어떤 글이 노출이 잘되는 글인지 알지 못한다. 매일 포스팅을 하면서 글 쓰는 실력을 늘리고 노출이 잘되는 글이 어떤 글인지 자연스럽게 체득할 수 있게 된다. 어느 분야든 초보일 때는 무조건 많이 해보고 시행착오를 겪는 것이 답이다.

③ 블로그 공부하기

포스팅을 하면서 블로그 관련 강의를 듣거나, 블로그 성장 노하우를 다룬 전자책을 보거나, 시중에 나와 있는 책을 읽으며 자신의 블로그를 성장시키는 법을 공부해야 한다. 나 같은 경우에는 시중에 있는 책보다는 전자책으로 핵심 정보를 얻었다. 블로거들이 실제로 블로그를 운영하면서 알게 된 실용적인 팁이나 노하우를 전자책에서 공유해주기 때문에 시중에 나오는 정형화된 책보다는 도움이 많이 되었다. 전자책의 저자와 같이 유명한 블로거

월급은 적지만 부자는 되고 싶어

들의 포스팅을 분석하는 것도 큰 도움이 된다. 개인적으로 도움을 받았던 자료를 공유하면, 행크에듀 자유의지의 '블로그 수익반' 강의, 이타인의 '블로그 성장법' 전자책, 세수하면이병헌의 '카더라 전자책'이 블로그를 성장시키는 데 큰 도움이 되었다.

④ 수익화 도전하기

포스팅을 매일 한 달 정도 하다 보면 블로그를 어떻게 운영해야 할지 감이 온다. 방문자 수와 이웃 수가 늘어나면 체험단을 신청해보자. 처음에 선정이 안 된다고 낙심하지 말고 일 방문자 수를 늘리는 데 집중해보자. 체험단에 선정되면 집으로 제품이 배송되고 그 제품에 대해 포스팅을 하면 된다. 어떻게 포스팅을 해야 할지 막막하다면 자신의 주력 분야 파워블로거 10명 정도의 포스팅을 유심히 분석해 포스팅에 적용해보자. '창조는 모방의 어머니'라고 하지 않는가. 내가 잘 모를 때는 잘하는 사람 것을 보고 배우는 방법이 최선이다.

⑤ 네이버 애드포스트 신청하기

블로그 개설 90일 이상, 포스팅 50개 이상, 일 평균 방문자 수 100명 이상의 세 가지 요건을 충족하면 애드포스트를 신청할 수 있다. 애드포스트 승인이 되면 게시글에 자동으로 광고가 삽입되고, 내 게시글을 본 사람들이 광고를 클릭하면 클릭당 수익이 발생한다. 일정 금액 이상이 모이면 출금이 가능하다. 하루에 2~3시간 투자해서 돈을 벌 수 있다는 게 신기하게 느껴질 것이다. 돈을 벌기 시작하면 더욱 몰입하게 되어 블로그 운영 실력이 상승한다.

네이버 블로그 vs. 티스토리 블로그

우리나라의 블로그는 네이버와 카카오의 티스토리 블로그가 있다. 점유율로 보면 네이버가 압도적이다. 두 블로그는 접근 방법이 다르다. 네이버 블로그 수익화의 핵심은 제품을 홍보함으로써 발생하는 원고료다. 반면 티스토리 블로그는 조회 수를 기반으로 한 구글 애드센스 광고수익이 핵심이다.

네이버 블로그는 자체적으로 애드포스트를 운영하고 있고 티스토리 블로그는 구글의 애드센스를 활용한다. 애드센스는 네이버 애드포스트보다 클릭당 단가가 높으며 광고 배치 등을 직접 할 수 있어 자율성이 있다. 검색 키워드를 분석해 포스팅에 많은 사람들을 유입시키고 광고 배너를 클릭하게 하는 것이 티스토리 블로그 수익화의 핵심이다.

이런 점을 고려해 자신의 상황에 맞게 블로그를 선택하는 것이 좋다. 브랜딩까지 고려한다면 네이버 블로그를 추천한다. 모든 티

월급은 적지만 부자는 되고 싶어

스토리 블로그가 그런 것은 아니지만 조회 수를 높이기 위한 자극적인 글과 광고가 많은 것이 사실이다.

파워블로거로 활동한 사람들의 이야기를 들어보면 소통하지 않는 일방적인 블로그는 오래가지 못한다고 한다. 파워블로거들은 블로그를 단순히 수익화만을 목적으로 운영하지 않았다. 자기가 좋아하는 분야에 대해 전문적인 글을 장기적으로 포스팅했더니 높은 수익이 자연스럽게 생겼다고 한다. 네이버 블로그와 티스토리 블로그의 차이를 알고 자신에게 맞는 것으로 시작하길 바란다. 한번 시작하면 다른 플랫폼으로 갈아타기는 쉽지 않으니 말이다.

글쓰기에 재주가 있다면 카카오의 '브런치'를 활용하는 것도 도움이 된다. 브런치는 작가 지망생들이 작가가 되고자 전문적인 글을 쓰는 플랫폼이다. 전문적인 글을 쓰는 공간으로는 네이버 포스트, 카카오 브런치가 있다. 개인적으로 포스트보다는 브런치 플랫폼에 좀 더 높은 점수를 주고 싶다. 글 쓰는 데 소질이 있다면 브런치에 글을 잘 적어 올리기만 해도 출판사에서 출간 제의가 오는 경우도 있다.

어떤 플랫폼이 절대적으로 좋다고 말할 수는 없다. 본인의 상황에 맞게 적절한 플랫폼을 활용하는 것이 중요하다. 본질은 생산자가 되어서 인지도를 얻고 그 트래픽을 바탕으로 수익을 창출하는 것이다.

블로그 하기 좋은 주제
TOP 5

① IT

고소득을 올리는 블로거들은 대부분 IT 블로거라고 볼 수 있다. 협찬을 해주는 제품 단가 자체가 고가인 데다 파워블로거의 경우 포스팅 1개당 20만 원 정도를 받는 것으로 알고 있다. 리뷰 포스팅 30개면 산술적으로만 봐도 600만 원이다. IT 파워블로거 중에는 월 1천만 원 이상의 고수익을 내는 분들도 있다. IT 기기에 관심이 있다면 한번 도전해보자.

② 육아

엄마들이 가장 많이 도전하는 분야다. 다만 경쟁자가 너무 많아서 글을 상위 노출시키기가 쉽지 않다. 3시간 걸려서 쓴 글이 검색을 해도 몇 페이지 뒤에 있으면 수익화하기가 어렵다. 하지만 한 가지 주제로 꾸준히 양질의 글을 써서 많은 사람들에게 정보를 제공

월급은 적지만 부자는 되고 싶어

한다면 충분히 승산이 있다. 일상의 소소한 이야기도 포스팅할 수 있어 글의 소재가 풍부하다는 장점이 있다.

③ 맛집/요리

음식점을 갈 때 블로그를 찾아보고 방문하는 것이 언제부터인가 당연해졌다. 맛집 주제는 접근하기 쉽지만 그만큼 경쟁강도(발행되는 게시글 수 대비 경쟁자의 수)가 너무 세기 때문에 초보자는 어려울 수 있다. 방송에서 요리를 주제로 한 프로그램이 인기를 끌면서 요리 분야도 사람들의 많은 관심을 받고 있다. 성장성이 좋은 분야라서 요리에 관심이 있다면 괜찮은 주제다.

④ 여행

여행 블로그는 사진이 반 이상이라고 할 수 있다. 감성적인 사진을 잘 찍고 편집할 수 있는 능력이 필요하다. DSLR급 카메라를 보유하는 것이 좋다. 코로나19로 잠시 주춤했지만 여행은 여전히 인기 있는 주제다. 블로그가 커지면 고급 리조트에 무료로 숙박할 기회도 생길 수 있다는 것이 장점이다. 맛집 주제와 함께 운영하면 시너지 효과를 낼 수 있다.

⑤ 금융/재테크

금융 주제는 최근에 사람들이 많이 관심을 갖는 주제다. 체험단이나 협찬보다는 전문가들이 자신의 생각을 공유하기 위한 채널로 많이 활용한다. 인플루언서 마케팅이라고 볼 수 있다. 강의를 하거나 책을 낸 소위 전문가라고 불리는 사람들은 보통 자신의 블로그를 가지고 있다. 자신만을 위한 광고 채널인 것이다. 또한 그 안에서 소통하며 자연스럽게 영향력을 키워 나간다.

온라인
머니 파이프라인 만들기

쿠팡 파트너스
활용하기

쿠팡 파트너스는 쿠팡에서 판매 중인 제품 리뷰를 개인 SNS에 게시하고 방문자가 그 게시글의 링크를 통해 쿠팡에서 제품을 구입하면 수입의 일정액을 나눠주는 것을 말한다. 광고 글을 블로그 등에 게시하고 사람들이 내가 올린 글을 통해 물건을 구매하면 나한테도 일정액의 수수료를 주는 것이다.

쿠팡 파트너스의 좋은 점은 내가 올린 광고의 제품을 구매해야

만 수수료를 주는 것이 아니라는 점이다. 예를 들어 누군가 내가 올린 노트북 광고의 링크를 타고 들어와서 마우스를 사도 수수료를 준다. 꼭 내가 올린 광고 제품이 아니어도 되기 때문에 많은 사람들이 내 글을 클릭할 수 있다면 수익화에 도움이 된다. 쿠팡 파트너스는 어찌 보면 단순 노동에 가깝다. 하지만 매일 꾸준히 글을 올리면 월 50만 원 정도의 수익을 충분히 달성할 수 있다. 인터넷에 쿠팡 파트너스라고 검색하면 다양한 성공 사례가 나온다. 그 내용을 한번 쭉 확인하고 시도해보자.

쿠팡 파트너스는 수수료를 현금으로 바로바로 정산해주기 때문에 쏠쏠하다. 직장인이 괜히 돈 조금 더 모으겠다고 대리운전을 뛰고, 주말에 편의점에서 아르바이트를 하는 경우가 있는데 그보다 훨씬 효율이 좋다고 생각한다. 쿠팡 파트너스의 핵심도 블로그와 같다. 결국은 많은 사람들이 내 글을 보게 해서 트래픽을 늘리는 것이 핵심이다.

내가 올린 게시글을 하루 1천 명이 읽게 할 수 있다면 한 달이면 3만 명에게 노출시킬 수 있다. 방문자 중에서 1%만 구매해도 50만 원 정도를 벌 수 있다. 유튜브를 보면 실제로 월 1천만 원 수입을 인증하는 사람도 많다. 월급 이외의 수익을 얻을 수 있는 방법은 정말 다양하다. 관심을 가지고 실행하는 사람과 '그게 되겠어?' 하는 마인드의 차이가 나중에 더 큰 차이를 만들어낸다.

월급은 적지만 부자는 되고 싶어

유튜브로
온라인 건물주 되기

블로그와 쿠팡 파트너스 이외에도 유튜브, 온라인 카페 등 다양한 수익화 방법이 있다. 유튜브가 처음 시장에 나왔을 때 대부분의 사람들은 "남이 올린 동영상을 누가 보겠어?"라고 했지만 지금 유튜브의 위상은 엄청나다. 많은 초등학생들의 장래희망이 유튜버라고 하니 유튜브의 영향력은 이제 굳이 말하지 않아도 모든 사람들이 인정한다. 실제로 유튜브는 영상을 업로드하는 창작자에게 다른 채널에 비해 더 많은 수익을 분배해주고 있다.

잘나가는 유튜버는 유튜브 광고수익으로만 월 1억 원 이상을 벌어 간다고 하니 엄청나다. 명문대를 졸업하고 유망한 대기업에 입사해도 1년에 1억 원의 소득을 얻기란 어려운 일이다. 물론 월 1억 원 수준의 수익을 내는 유튜버는 소수에 불과하지만 월 500만 원 정도를 버는 유튜버는 많다고 한다. 월 500만 원이면 웬만한 대기업 과장급 정도의 월급이니 유튜브만 해도 먹고살 수 있다는 말이 나오는 것이다. 앞으로 1인 미디어의 영향력은 더욱 높아질 것으로 예상된다. 시대의 흐름에 발맞춰 자신만의 채널을 운영해보면 어떨까? 채널을 성장시키다 보면 예상치 못했던 기회가 생길 수 있다. 남이 생산한 정보를 소비만 하지 말고 주체적인 생산자가 되어보자.

온라인 카페
운영하기

유튜브는 특별한 재능을 기반으로 꾸준히 독창적인 콘텐츠를 만들어야 하는 부담감이 있다. 하지만 카페는 상대적으로 수월하다. 카페의 영향력을 보여주는 대표적인 예가 지역별로 개설되어 있는 맘카페다. 언제부턴가 지역 맘카페에 엄청난 힘이 생겼다. 한 지역에서 장사를 하려면 맘카페 임원들에게 대접부터 해야 된다는 이야기가 그냥 나오는 게 아니다. 정보를 제공하고 사람들이 모이는 채널의 영향력은 갈수록 커지고 있다.

온라인 카페도 활성화되기까지 신경을 많이 써야 하지만 일정 수준으로 회원 수가 많아지면 오히려 카페 운영자는 할 일이 별로 없다. 회원들이 정보를 자발적으로 공유하기 때문에 저절로 글이 생산되고 시간이 지날수록 카페의 영향력이 커진다. 스태프를 선정해 카페 관리를 시키면 조금 더 효율적으로 카페를 운영할 수 있다. 글이 많아지고 회원 수가 늘어나면 협찬 및 광고 제휴 제안이 들어온다. 카페 매니저는 배너 광고, 게시판 광고글 등을 허락해주고 수수료를 받는다. 일정 규모 이상의 카페는 크게 힘들이지 않고도 온라인에서 월세처럼 돈 버는 구조가 가능하다.

이렇게 여러 가지 플랫폼에서 한 층 한 층 온라인 건물을 쌓아 올리면 실제 건물주 못지않은 수익을 올릴 수 있다.

월급은 적지만 부자는 되고 싶어

스마트스토어
창업하기

스마트스토어 창업은 직장인이 부업으로 가장 먼저 고민하는 아이템이다. 코로나19의 영향으로 온라인 쇼핑몰의 수요가 일시적으로 증가했지만 장기적으로도 온라인 쇼핑몰인 스마트스토어의 영향력은 더욱 커질 것으로 보인다. 유명 유튜버로 성장한 신사임당도 처음에는 스마트스토어로 온라인 사업을 시작했다. 유튜버로 성장한 지금도 개인 온라인 쇼핑몰을 운영하고 있다고 한다. 그 이유는 온라인 쇼핑몰이 현재도 유효하고 미래에도 캐시카우(cash cow, 확실히 돈벌이가 되는 상품이나 사업)를 만들어내는 비즈니스라고 생각해서다. 스마트스토어는 오프라인 창업에 비해 자본금이 적게 든다는 장점이 있다. 구매대행부터 시작하면 요즘 유행하는 무자본 창업도 가능하다.

스마트스토어 창업을 추천하는 대상은 월급의 절대적인 크기가 작은 사람들이다. 대한민국 가계 평균소득(5,924만 원, 2020년 통계청 발표) 이하의 급여를 받고 있다면 진지하게 부업을 고민할 필요가 있다. 특히 회사에서 성과와 급여가 비례하는 시스템을 갖추지 않았다면, 부수입을 높이는 데 집중해야 한다.

스마트스토어는 단순히 블로그를 운영하는 것보다는 많은 시간과 관심이 필요하다. 하지만 직장생활을 하면서도 매월 2천만~

3천만 원씩 매출을 올리는 사람들이 많이 있다. 노력한 만큼 고수익을 창출할 수 있는 방법이다. 스마트스토어를 운영하는 노하우를 가르쳐주는 온라인 강의도 많은데, 검증된 강의를 제공하는 클래스 101 사이트를 추천한다. 강의를 듣고 쇼핑몰로 성공한 사람들의 책도 읽으면서 도전해보자. 자신의 급여가 평균소득 이하라면 어떤 방식으로라도 월수입을 극대화해야 한다. 스마트스토어도 일종의 창업이기 때문에 처음엔 힘들어도 시간이 지나면 자신의 시간당 수입을 획기적으로 상승시킬 수 있다.

전자책
판매하기

기성세대들은 아직도 오프라인 서점에 가지만 20~30대는 SNS를 활용해 정보를 공유하고 습득한다. 오프라인 출판은 상대적으로 진입 장벽이 높다. 본인이 어느 분야에 명확한 두각을 나타냈다거나 잘나가는 사람이 아니면 출판사에서 출간 제의를 받기는 쉽지 않다. 반면에 전자책은 나 자신이 1인 출판사가 되어 정보와 노하우를 자유롭게 공유하는 방법이다. 많은 분량이 필요하지도 않고 핵심만 잘 전달된다면 오히려 종이책보다 더 많은 수익을 거둘 수도 있다.

예를 들어보겠다. 만약 블로그를 키워서 성장시키고 싶다면 파워블로거들의 운영 노하우가 궁금할 것이다. 초보 블로거는 그들이 어떻게 키워드를 선정하고 포스팅하는지가 궁금하다. 이럴 때 전자책을 구입하려는 수요가 생긴다. 정식 출간된 책은 일정한 분량을 채워야 하는 부담이 있어 특정 주제에 대한 모든 것을 다룬다. 블로그 개설하는 방법, 꾸미는 방법, 포스팅하는 방법, 글을 노출시키는 방법 등 시작부터 끝까지 수많은 정보가 담겨 있다. 나에게 지금 필요한 정보가 키워드를 선정하는 방법이라면 책 한 권을 사기는 부담스럽다. 또한 수많은 정보가 수록되어 있다 보니 오히려 집중이 안 될 수 있다. 이런 니즈를 파악해서 전자책을 만드는 것이다.

'파워블로거가 알려주는 키워드 선정 방법'이라는 제목으로 전자책을 만들어서 일반 책보다 저렴한 5천 원에 판매하면 사람들은 원하는 정보를 얻기 위해 기꺼이 구입한다. 전자책만 전문적으로 출간해서 큰 수익을 버는 사람들의 후기를 읽어보는 것도 도움이 될 것이다. 크몽이라는 플랫폼에서 판매자들이 어떤 전자책을 판매하는지 훑어보면 도움이 된다.

네이버에 검색해서 얻는 정보는 신뢰성이나 전문성이 떨어지는 경우가 많다. 정보를 찾는 사람 입장에서 네이버나 구글 검색을 통해 원하는 결과가 나오지 않으면 화가 나기 마련이다. 책을 사서 보기에는 정보가 너무 많고 인터넷 정보는 신뢰성과 전문성이 떨어지는데 누군가 저렴한 가격으로 내가 원하는 정보를 제공해준다면 어떨까? 인터넷 검색과 책의 틈새를 공략하는 것이 전자책의 전략이다.

한 직장에서 오래 근무했다면 그 분야에 관해서는 누구보다 전문가일 것이다. 해당 업종에서 근무해야만 알 수 있는 정보를 정리해 전자책으로 출간한다면 판매자와 소비자 모두 만족할 수 있다. 전자책 시장이 점점 커지는 만큼 나에게 들어오는 수입도 점진적으로 커질 수 있다. 누구나 남들보다 잘 아는 것이 하나라도 있기 마련이다. 그것을 정리해 온라인에서 판매함으로써 월급 이외의 수익을 만들어보자.

종이책 출간하기

책은 나를 알리는 최고의 도구다. 과거에는 작가로 데뷔해 종이책을 출간하기가 지금보다 훨씬 어려웠다. 전문작가이거나 그 분야 최고의 전문가가 아니면 책을 쓸 수 없었다. 그러나 지금은 시대가 바뀌었다. SNS, 유튜브 등의 활성화로 1인 미디어 시대가

도래하면서 자신만의 노하우와 지식을 나누는 인플루언서들이 많이 생겨났다. 과거와 다르게 이런 인플루언서에게 팬덤이 형성되었고 온라인 채널에서의 영향력이 강해졌다. 이런 파급력을 바탕으로 기존 전문가의 영역이었던 책 출간에서도 인플루언서가 두각을 나타내고 있다. 요즘은 유명 유튜버가 출판사 작가 섭외 1순위인 듯하다.

실질적으로 종이책의 인세는 많지 않다. 통상 신인작가의 경우 6~8% 정도의 인세를 받는데 1만 5천 원짜리 책 한 권이 팔리면 저자는 약 1천 원 정도의 인세를 받는 구조다. 특수한 케이스로 10만 부 이상 팔려 대박이 나는 베스트셀러 작가 이외에는 인세만으로 돈을 벌기 힘든 게 현실이다.

그럼에도 불구하고 종이책을 내는 이유는 단순히 인세를 받는 목적보다는 자신의 전문성을 알리고 자신을 견고히 브랜딩하기 위함이다. 특히 강사는 저서의 유무에 따라 강의료가 2배 이상 차이 난다고 한다. 저자가 된다는 것은 사람들에게 전문가라는 이미지를 각인시키고 '나'라는 상품을 알릴 수 있는 최고의 명함인 셈이다. 시대가 바뀌어 누구든 책을 쓸 수 있는 시대가 되었지만 아무나 책을 쓰지는 못한다. 대중은 책을 출간했다는 것 자체로 저자가 검증된 사람이라고 생각한다. 사람들은 검증된 사람을 선호하기 마련이다.

온라인으로
강의하기

강사의 역량에 따라 정말 큰 수익을 가져다주는 것이 바로 온라인 강의다. 온라인 강의는 코로나19로 수혜를 톡톡히 본 분야다. 과거에는 재테크나 투자 분야 강의는 오프라인 위주였다. 불특정 다수에게 알려지면 곤란한 정보를 담고 있거나 강사의 노하우가 유출될 우려에서 온라인을 선호하지 않았다.

하지만 비대면 시대로의 전환을 맞이하면서 투자 분야 강의도 빠르게 온라인 강의로 바뀌었다. 가장 크게 성공한 플랫폼은 역시 클래스 101이다. 클래스 101에서 강의를 하면 한 달에도 몇백만 원의 수입을 얻을 수 있다고 한다. 물론 인기가 많고 유명한 사람들에게 해당되는 이야기다. 클래스 101에서 강의를 하는 것만으로도 인정을 받았다는 이야기가 있다. 클래스 101에서는 사전수요조사까지 한 후 사람들의 호응이 있어야 실제 강의가 개설된다.

자신이 아직 이 정도의 역량이 되지 않는다면 블로그나 유튜브 채널에서 수강생을 모집해 온라인 줌 강의를 하는 방법도 있다. 강의라고 해서 대단한 내용을 가르치는 것이 아니다. 이제 초보 딱지를 뗀 중수 정도인데 왕초보자들에게 쉽게 가르쳐주는 것이 최근 온라인 강의의 트렌드다. 스마트스토어 창업을 해서 월 200만 원의 매출을 일으키고 있다면 이제 막 시작해서 스마트스토어를 어떻게 개설하는지도 모르는 왕초보들을 모은다. 사업자 등록하는 방법, 통신판매업 신청하는 방법, 스마트스토어 입점 방법 등 월 100만 원의 매출을 만들 수 있는 방법을 알려준다. 왕초보는 아무것도 모르기 때문에 200만 원 버는 셀러를 부러워하며 100만 원 버는 방법을 가르쳐주는 강의를 신청한다. 어려운 내용을 가르치는 것이 아니라 본인이 얼마 전까지 경험하고 시행착오를 겪었던 내용을 최대한 쉽게 알려주는 것이다. "개구리 올챙이 적 생각 못 한다."라는 속담이 있듯이 지금 월 천만 원 파는 셀러는 초보일 때가 까마득해서 초보자가 당장 무엇이 궁금한지 모를 수 있다. 오히려 중수가 아무것도 몰랐던 초보자의 심정으로 더 잘 가르칠 수 있다.

온라인 강의의 특성상 물리적인 거리의 한계가 없고 수강생 1명부터 100명까지도 동시에 수강할 수 있어 수익적인 측면에서 보면 어떤 파이프라인보다 강력한 수입원이 될 수 있다. 사교육 분야에서 온라인 강의를 가장 먼저 시작한 메가스터디의 일타 강사들이 매년 수십억 원을 벌었다는 이야기가 현실이 될 수도 있다. MZ세대는 수능 때부터 인터넷 강의에 익숙한 세대다. 오히려 오프라인보다 온라인을 선호하는 사람도 많다. 자신이 조그만 성공을 이룬 경험이 있고 그 분야에 강점이 있다면 그 노하우와 경험을 강의를 통해 수익화해보자.

"어제와 똑같이 살면서 다른 미래를 기대하는 것은
정신병 초기 증세다."

_ 아인슈타인

① 월급의 숨은 가치를 깨달아야 한다

- 매달 받는 월급의 진정한 가치는 대출에 있다. 은행은 꼬박꼬박 월급을 받는 직장인을 선호한다.

- 한 번에 들어오는 돈은 관리가 힘들고 쉽게 들어온 만큼 쉽게 나간다. 안정적인 현금흐름이 중요하다.

② 연봉을 상승시켜 고정소득을 올려라

- 직장인이라면 연봉을 상승시키는 것이야말로 노동소득을 극대화할 수 있는 가장 쉽고도 확실한 방법이다.

- 현재 받고 있는 연봉보다 몸값을 올릴 수 있거나, 자기만의 시간을 가질 수 있다면 이직에 도전해보자.

③ 둘이 벌면 소득도 2배가 된다

- 결혼을 했고 육아에 부담이 없다면 가급적 맞벌이를 하자.

- 집안일 때문에 심한 스트레스를 받는다면 전자제품이나 가사 도우미 서비스에 과감히 투자하자.

④ 블로그는 직장인도 쉽고 재밌게 할 수 있는 부업 수단이다

- 블로그를 꾸준히 운영해 방문자가 늘어나면 체험단, 상품 판매, 애드포스트 등으로 추가 수익을 얻을 수 있다.
- 양질의 콘텐츠를 꾸준히 올려 인플루언서로 선정되면 더 유리하다.

⑤ 머니 파이프라인을 만들어라

- 월급 이외의 수익을 얻는 방법은 의외로 많다. 관심을 가지고 실행하는 사람만이 다양한 수입을 얻을 수 있다.
- 쿠팡 파트너스, 유튜브와 카페, 스마트스토어, 전자책 판매, 종이책 출간, 온라인 강의 등의 방법으로 자신의 장점과 노하우를 살려 수익화해보자.

PART 4

부의 사다리에
오르는
실전 투자

반드시 필요한
청약통장

현재 내 집 마련을 할 수 있는 최고의 방법은 청약제도를 활용하는 것이다. 수도권 지역의 분양 아파트는 대부분 분양가 상한제의 적용을 받는다. 그렇기에 청약제도는 신축 아파트를 가장 저렴하고 안전하게 구매할 수 있는 방법이다. 청약 신청을 하기 위해서는 청약통장을 가지고 있어야 한다. 최근에는 청약 열기가 과열되어 가점이 만점인 청약통장이 나오는 경우도 있다.

사회초년생이라면 현실적으로 가점제 당첨은 힘들다. 신혼부부 특별공급 제도를 활용하거나 가점제 당첨이 아닌 추첨제 당첨을 노려야 한다. 청약제도에 대해 잘 모르는 분들을 위해 추가로 설명하자면, 가점제 당첨이란 무주택기간, 부양가족 수, 청약통장 가입기간 등을 점수로 환산해 높은 점수부터 당첨되는 것을 말한다. 추첨제 당첨이란 무작위 추첨으로 당첨자를 선정하는 방식이다. 부양가족이 있고 무주택기간이 긴 사람은 가점제가 유리하지만, 가점이 낮다면 추첨제 공급물량을 공략하는 것이 당첨 확률을 높이는 방법이다.

청약통장에 납입한 저축액은 무주택 세대주일 경우 연말정산 시 소득공제도 해준다. 다양한 혜택을 주는 청약통장에 가입하지 않을 이유가 없다. 과거에는 어떤 주택을 청약하는지에 따라 청약통장이 청약저축, 청약예금, 청약부금 세 가지로 나누어져 있었다. 현재는 주택청약종합저축으로 일원화되어 있다.

만 19~34세의 무주택 청년이라면 가입 2년 이상부터 우대금리 혜택을 주는 청년우대형 주택청약종합저축 통장으로 가입할 수 있다. 연소득 3천만 원 이하 등 필수요건을 충족한다면 은행 창구를 방문해 관련 서류를 확인하면 된다. 기존에 부모님이 만들어준 주택청약종합저축 통장도 청년우대형으로 전환이 가능하니 조건에 부합한다면 전환할 것을 추천한다. 2022년부터는 소득조건이 3,600만 원으로 상향되며, 2023년 말까지 가입할 수 있다.

월급은 적지만 부자는 되고 싶어

작은 실천이
행운을 가져다준다

우리 부부는 신혼 시절 놀러 다니기보다는 새로 분양하는 아파트 모델하우스에 가는 것이 일상이었다. 내가 사는 지역과 그 주변 지역에서 새롭게 분양한다는 아파트 모델하우스는 전부 가본 것 같다. 모델하우스를 가본 후에는 반드시 실제 아파트가 지어질 부지와 주변 분위기를 유심히 살폈다. 분양 후 1~2년 뒤에는 분양권 시세와 주변 구축 아파트의 가격 변동을 체크하면서 자연스럽게 시세 변화를 익힐 수 있었다.

전세를 살면서 집이 없는 서러움을 느꼈던 우리 부부는 더욱더 열심히 임장(부동산을 실제로 나가서 보고 분석하는 일)을 다녔던 것 같다. 그때는 임장을 간다는 생각보다는 내 집을 마련하기 위해 돌아다녔다고 하는 편이 맞겠다. 어쨌든 모델하우스를 수십 번 방문하는 동안 나름대로 부동산을 보는 눈이 생겼고, 입지 대비 가격이 저렴하고 가치 상승이 예상되는 곳에 청약이 당첨되었다. 분양받은 집에서 약 4년간 살고 있는데, 2021년 8월 기준 시세차익만 4억 원 이상이니 로또를 맞았다고 할 수 있다. 우리 가족은 새집에서 누릴 수 있는 이점을 충분히 누리면서 살고 있으니 편익은 더 높다고 봐야 할 것이다. 이런 로또 청약에 당첨된 것은 주말마다 모델하우스를 꾸준히 돌아다닌 결과가 아니었을까?

단순히 운이 좋아서 돈을 번 것 아니냐는 의문을 품는 사람도 있을 수 있다. 그 말도 틀린 말은 아니다. '운칠기삼(運七技三)'이라고, 운의 영역이 노력의 영역보다 클지도 모른다. 그러나 운의 영역은 통제 가능한 부분이 아니다. 통제 불가능한 영역에 기대기보다 자신이 무엇을 할 수 있는지를 생각하는 게 좋지 않을까? 노력하고 준비하는 자에게 행운도 온다.

내가 청약에 당첨되어 살고 있는 지역은 2021년 말 기준 수십 대 1의 청약 경쟁률을 보이며 주변 지역에서 가장 입주하고 싶어 하는 1순위 지역이 되었다. 내가 청약을 할 시기에는 경쟁률이 1.5 대 1 정도 수준이었다. 타이밍이 좋았던 것은 맞다. 하지만 주변 사람들이 "집값 내려갈 텐데 집을 왜 사니?"라고 할 때 과감히 의사결정을 한 결과가 현재의 차이를 만들었다고 생각한다. 사람들은 항상 그렇게 후회한다. "서울에 집 사놓을걸." "카카오 주식을 매수할걸." 하고 말이다.

레버리지 활용하기

부동산 투자를 하는 데 레버리지(leverage)는 필수다. 적은 돈으로 큰 수익을 낼 수 있는 방법이기 때문이다. 레버리지 효과는 일명 지렛대(lever) 효과라고도 하며 작은 힘으로 큰 물체를 들 수 있게 하는 마법의 힘을 가지고 있다. 내 돈이 아닌 남의 돈을 이용해 투자의 효율을 극대화하는 전략이다. 부동산 투자 시 남의 돈을 이용하는 방법은 두 가지가 있는데, 첫 번째는 은행 돈이고 두 번째는 임차인의 돈이다. 바꿔 말하면 대출과 전세금이다. 이 두 가지를 어떻게 활용하는지가 부동산 투자의 수익률을 좌우한다고 할 수 있다.

① 좋은 대출 활용하기

좋은 대출과 나쁜 대출은 어떤 차이가 있을까? 좋은 대출은 금리가 낮고, 대출기간이 장기간이며, 대출을 이용해 투자함으로써 수익률이 높아지는 대출이다. 좋은 대출의 대표적인 예는 부동산 담보대출이다. 대출상품 중에서 가장 금리가 낮은 상품일 것이며 상환기간은 40년까지 가능하다. 부동산 가격이 장기적으로 우상향한다는 사실에 동의한다면 당연히 받아야 하는 대출이다.

나쁜 대출은 금리가 높고, 대출기간이 짧고, 소비를 위한 대출을 말한다. 오해하지 말아야 할 것은 좋은 대출과 나쁜 대출의 차이는 상대적이며 운용하는 사람에 따라 좋음과 나쁨이 바뀔 수 있다는 점이다. 대출은 일종의 도구다. 같은 요리 도구를 가지고도 유명한 호텔 셰프의 음식과 일반인이 만든 음식이 차이가 나는 것처럼 대출도 마찬가지다. 대출은 양날의 검이다. 나를 위해 잘 사용하면 나를 지켜주는 무기가 되지만 잘못 휘두르면 나를 다치게 한다. 자신이 감당 가능한 범위에서 활용해야 한다는 기본 원칙을 잊어서는 안 된다.

레버리지(대출)를 활용해 오피스텔에 투자한다고 해보자. 오피스텔은 통상 LTV(부동산의 매매가격 대비 대출 가능 한도 비율)가 70%까지는 나온다. 1억 원짜리 오피스텔은 7천만 원까지 대출이 가능하다는 말이다. 참고로 정부에서 개인이 과도하게 대출을 받는 것을 막기 위해 지역별·물건별로 다르게 LTV 한도를 규제하고 있다.

다음 표는 오피스텔을 사서 월세를 줄 경우 자기자본만 활용했을 때와 레버리지를 활용했을 때의 비용과 수익률을 비교한 것이다. 계산 방법은 비고란에 기재해두었다. 여기서 연수익률은 순이익 대비 실제 투자금의 수익률을 말한다. 자기자본만 활용한 경우 840만/1억 7천만×100%=4.94%가 되지만 레버리지를 활용하면 9.33%의 수익률을 보였음을 알 수 있다. 레버리지를 활용하면 동일한 물건이라도 적은 돈으로 투자할 수 있고 실제 투자금 대비 수익률도 더 좋다.

PIR(Price to Icome Ratio)이란 소득 대비 주택가격의 비율을 말한다. PIR=10은 소득을 전혀 쓰지 않고 꼬박 10년을 모아야 집을 구매할 수 있다는 의미다. 서울 아파트의 2020년 PIR(30대 기준)이 15 정도니 현실적으로 월급만을 모아서 집을 사기란 불가능

구분	자기자본 활용	레버리지 활용	비고
(1) 매매가격	2억 원	2억 원	취득가격
(2) 보증금	3천만 원	3천만 원	임차 보증금
(3) 월세	70만 원	70만 원	
(4) 연수입(12개월)	840만 원	840만 원	70만 원×12개월
(5) 대출금액 (LTV 70%)	-	1억 4천만 원	매매가격×70%
(6) 대출이자(4%)	-	560만 원	대출금액×4%
(7) 순이익	840만 원	280만 원	연 수입-대출이자
(8) 실제 투자금	1억 7천만 원	3천만 원	매매가격-보증금- 대출금액
(9) 연수익률	**4.94%**	**9.33%**	순이익/실제 투자금×100%

레버리지(대출) 활용에 따른 수익률 차이(오피스텔 월세 투자 사례)

에 가깝다. 결국 은행의 힘을 빌려 집을 사야 한다. 가난한 사람들은 은행에 돈을 맡기고 부자들은 은행의 돈을 이용해 더 큰 수익을 낸다. 주거 안정성을 위해 실행하는 주택담보대출은 충분히 권장할 만하다. 정부에서 가계대출을 강력하게 규제하고 있지만 정부가 규정하는 범위 내에서 1금융권에서 대출 받는다면 빚 자체에 겁먹지 않아도 된다.

② 무이자 차입금(전세금) 활용하기

대출은 은행 돈을 빌리는 것이기에 이자를 내야 한다. 남의 돈을 쓰는데도 돈을 내지 않아도 되는 것이 있다. 바로 전세금(임차보증금)이다. 전세금은 세입자(임차인)에게 집을 일정 기간 빌려줌으로써 받는 일종의 보증금이다. 전세 세입자의 가장 큰 착각은 전세금은 만기에 그대로 받는 돈이니 손해를 보는 것이 없다고 생각한다는 점이다. 그런데 전세금은 물가상승률에 비례해 오른다. 2년 뒤 혹은 4년 뒤 만기가 되었을 때 전세금은 최소 몇백만 원에서 몇천만 원 올라 있다. 일반적으로 연봉보다 전세금의 크기가 큰 경우가 대부분이다. 물가가 매년 2% 오른다고 하면 3천만 원인 연봉도 2% 상승하고, 2억 원인 전세금도 2% 인상되는 것이다. 급여가 상승해도 전세금의 상승분을 쫓아갈 수 없다.

전세금이 올라가면 임차인은 대출을 받아서 전세금을 올려주거나 지금 살고 있는 집보다 싼 집으로 이사를 가야 한다. 임차인은 열심히 번 돈과 대출 받은 돈을 집주인(임대인)에게 주다가 전세난민이 된다. 그런데 집주인은 가만히 있었을 뿐인데 집값도 오르고 전세금도 올려 받는다. 집값이 하락하더라도 집주인은 손해볼 것이 없다. 집값이 하락하는 조정기가 오면 전세를 선호하는 경향이 강해지고 전세가격이 상승한다. 주택을 보유하는 데 드는 비용(종합부동산세, 재산세)은 전세 상승분으로 상쇄되기에 집주인은 추가 비용 없이 집을 장기 보유할 수 있다. 주택가격이 장기적

구분	자기자본 활용	레버리지 활용	비고
레버리지(전세금) 활용에 따른 수익률 차이(전세 레버리지 투자 사례)			
(1) 매매가격	5억 원	5억 원	취득가격
(2) 전세금	-	4억 원	무이자 차입금
(3) 실제 투자금	5억 원	1억 원	매매가격-전세금
(4) 매매가격 10% 상승	5억 5천만 원	5억 5천만 원	매매가격×[1+상승률(%)]
(5) 매매차익(순이익)	5천만 원	5천만 원	
(6) 투자금 대비 수익률	10%	50%	매매차익/실제 투자금×100%
(7) 매매가격 10% 하락	4억 5천만 원	4억 5천만 원	매매가격×[1-하락률(%)]
(8) 매매차손(순손실)	-5천만 원	-5천만 원	
(9) 투자금 대비 수익률	-10%	-50%	매매차손/실제 투자금×100%

으로 우상향하면 집주인은 이익만 얻는 것이다.

'갭 투자' '전세 레버리지 투자'라는 말을 한 번쯤은 들어보았을 것이다. 매매가격과 전세가격의 갭을 투자금으로 채우는 방법을 말한다. 예를 들어 5억 원짜리 아파트가 있는데 전세가격은 4억 원이라고 한다면, 1억 원만 있으면 5억 원짜리 집을 소유할 수 있다. 만약 2년 뒤에 매매가격과 전세가격이 각각 10%씩 오른다면 집값은 5억 5천만 원, 전세가격은 4억 4천만 원이 된다. 1억 원을 투자해서 5천만 원을 벌어 50%의 수익이 발생한 것이고 4천만 원이라는 무이자 차입금이 추가로 발생하니 가만히 앉아서 돈이 생긴 격이다.

현재 아파트 투자로 돈을 번 사람들은 이런 형태로 돈을 벌었다. 이 방법은 우리나라의 전세제도가 없어지지 않는 한 유효한 전략이다. 전세 레버리지 투자가 가능한 것은 전세가격은 실사용 가치이기에 최소 물가상승률만큼은 꾸준히 오른다는 점에 기인한다. 서울과 같이 대규모 공급이 될 수 없는 지역에서는 특별한 이슈가 없는 한 전세금은 안정적으로 우상향한다.

부동산 투자의 핵심은 레버리지 활용이라는 점을 꼭 기억하자. 대출과 전세금을 활용하는 것이 중요하며 이것이 적은 돈으로 큰돈을 버는 방법이다. 레버리지의 원리를 정확히 이해하고 있어야 투자에 성공할 수 있다. 다만 레버리지 투자 시 상승기일 때는 수익률이 2배, 3배 늘어나지만 하락기일 때는 거꾸로 수익률이 -2배, -3배가 될 수 있으니 꼭 주의해야 한다.

사회초년생에게 유용한 대출제도

앞서 대출을 왜 활용해야 하는지에 대해 알아보았다. 정부에서

월급은 적지만 부자는 되고 싶어

는 정책적으로 사회적 약자인 사회초년생들에게 저금리로 공적자금을 빌려준다. 이런 제도의 혜택을 받을 수 있는 조건이 된다면 꼭 관심을 가지고 찾아봐야 한다. 저금리 대출을 받는다는 것은 시작부터 다른 사람들과의 경쟁에서 조금 앞서간다는 의미다.

① 청년 전용 버팀목 전세자금대출

정부가 운용하는 주택도시기금의 상품 중 하나로 전세자금이 부족한 청년들에게 저금리로 대출을 해주는 상품이다. 일반 전세자금대출보다 저금리로 자금을 융통할 수 있어 원룸이나 오피스텔에 월세로 사는 청년들은 이 제도를 활용해 전세로 거주한다면 고정 주거비를 줄일 수 있다. 청년 전용 상품이기 때문에 일반 버팀목전세자금대출보다 저금리라는 것이 강점이다.

· 대출대상
  - 부부합산 연소득 5천만 원 이하
  - 순자산가액 2억 9,200만 원 이하의 무주택 세대주
  - 만 19세 이상~34세 이하의 세대주(예비 세대주 포함)
· 대출금리: 연 1.5~2.1%
· 대출한도: 최대 7천만 원 이내(임차 보증금의 80% 이내)
· 대출기간: 최초 2년(4회 연장, 최장 10년 이용 가능)

② 중소기업 취업청년 전·월세 보증금대출

중소·중견기업 재직자이거나 청년창업자인 경우에는 저리로 전·월세 보증금을 빌릴 수 있다. 정부에서 운용하는 자금으로 빌려주는 제도인 데다 대출금리가 연 1.2%밖에 안 된다. 해당 요건을 만족한다면 꼭 신청해보자.

- 대출대상
  - 부부합산 연소득 5천만 원 이하(외벌이 3,500만 원 이하)
  - 순자산가액 2억 9,200만 원 이하의 무주택 세대주
  - 중소·중견기업 재직자 또는 중소기업진흥공단, 신용보증기금 및 기술보증기금의 청년창업 지원을 받고 있는 자
  - 만 19세 이상~34세 이하 청년(병역 의무를 이행한 경우 복무기간에 비례해 자격기간을 최대 만 39세까지 연장)
- 대출금리: 연 1.2%
- 대출한도: 최대 1억 원 이내
- 대출기간: 최초 2년(4회 연장, 최장 10년 이용 가능)

③ 내 집 마련 디딤돌대출

정부에서는 무주택자들을 위해 주택도시기금을 운용해 국민들이 저금리로 대출을 받아 집을 살 수 있도록 하고 있다. 디딤돌대출은 그중에서 가장 대표적인 대출상품으로 조건이 시중은행 대

출보다는 까다롭지만 자격요건에 해당된다면 꼭 활용해야 하는 대출이다. 소득제한이 있기 때문에 사회초년생 시기가 지나가면 디딤돌대출을 받지 못할 수 있다.

- 대출대상
  - 부부합산 연소득 6천만 원 이하(생애 최초 주택 구입자, 2자녀 이상 가구 또는 신혼가구는 연소득 7천만 원 이하)
  - 순자산가액 3억 9,400만 원 이하의 무주택 세대주
- 대출금리: 연 1.85~2.4%
- 대출한도: 최대 2억 6천만 원 이내(LTV 70%, DTI 60% 이내)
- 대출기간: 10년, 15년, 20년, 30년(거치 1년 또는 비거치)

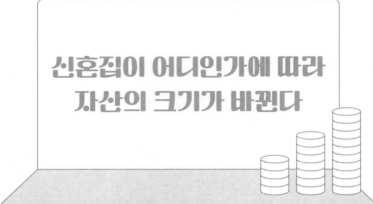

정말 중요한
신혼집의 위치

나는 부천의 10평대 아파트에서 전세로 신혼생활을 시작했다.
집주인은 그 아파트 단지에 4~5채를 갭 투자로 가지고 있던 부
산에서 온 투자자였다. 고리타분하고 손해를 보기 싫어하는 성격
의 임대인은 집에 문제가 있어 수리를 요구하면 그 정도는 임차인
이 알아서 수리해 살아야 하는 것 아니냐며 항상 투덜댔다. 아내
의 임신으로 부득이하게 큰 집으로 이사를 가야 하는 사정이 생겨

월급은 적지만 부자는 되고 싶어

계약 만기 전에 이사를 가겠다고 요청했으나, 본인이 지금 해외에 있어서 계약을 못 하니 그냥 계약기간 동안 살라고 하는 등 집주인의 갑질 횡포를 몸소 체험했다.

사실 그때는 나이도 어리고 사회 경험이 없어서 아무것도 모르고 당하기만 한 시절이었던 것 같다. 그때 아내와 나는 내 집이 없는 서러움을 뼈저리게 느꼈다. 지금은 신축 아파트에 살고 있는데, 아파트에 입주하고 나서 한 6개월 동안은 투자에 관한 생각은 전혀 하지 않을 정도로 안락하고 편안하게 지냈다. 구축 아파트에 살다가 신축 아파트로 이사 오니 커뮤니티 시설, 주변 환경이 정말 좋았다. 왜 요즘 아파트 시장에서 대세가 신축이라고 하는지 몸소 경험하고 있다.

주식 투자를 하든 부동산 투자를 하든 내 집 한 채는 꼭 필요하다. 일단 마음의 안정을 찾을 수 있고 함께 사는 가족들도 편하다. 투자를 통해 종잣돈을 뭉칫돈으로 키우면서 자산의 크기를 불려야 하는데 자산의 규모가 어느 정도 커진다면 내 집 마련부터 할 것을 추천한다. 가화만사성이란 말이 있듯이 가족이 행복해야 투자도 제대로 할 수 있다. 내 집이 있으면 일단 마음이 든든해진다. 입지와 학군이 좋은 지역에 내 집을 마련한다면 시간이 지날수록 자산이 늘어나는 놀라는 경험을 하게 될 것이다.

한곳에 정착하면 보통 10년에서 20년까지 그 지역에 계속 사는 경우가 많다. 만약 신혼집을 A라는 지역에 사면 그 지역에서 아이를 낳고 계속 살 확률이 매우 높다. 운 좋게 처음으로 정착한 곳이 향후 부동산 가치가 상승할 수 있는 지역이라고 하면 문제가 없지만 수요가 줄어드는 지역이라면 문제가 심각하다. 같은 시기에 결혼한 신혼부부라도 10년 뒤에 자산의 격차가 몇 배로 벌어질 수 있다. 심지어 같은 지역 내에서 어떤 아파트를 샀는가에 따라서도 큰 격차가 생긴다.

이를 해결하기 위해 여러 지역에서 살아보는 것이 중요하다. 한두 번 임장을 가보았다고 해서 그 지역의 모든 것을 알 수는 없다. 그 지역을 가장 잘 아는 사람은 그곳에 살고 있는 주민들이다. 『쏘쿨의 수도권 꼬마 아파트 천기누설』의 저자 쏘쿨은 투자할 지역을 파악하기 위해 해당 지역에 살아보면서 동네의 분위기를 파악했다고 한다.

그래서 신혼집을 구할 때는 전·월세든 매매든 지역을 신중히 골라야 한다. 전·월세로 시작했을지라도 나중에 매매로 집을 구할 때 처음 살던 지역에 거주할 확률이 높기 때문이다. 부동산 지식이 부족하다면, 신혼집은 매매보다는 월세나 전세를 추천한다. 월세로 사는 방법은 깔고 앉아 있는 돈을 줄여 운용할 자금을 키울수 있다는 장점이 있고, 전세는 버팀목 전세자금대출 등 국가에서 지원해주는 저금리 대출을 받아 활용할 수 있다. 가능하다면 부동산 공부를 위해 앞으로 아이를 낳아 살고 싶은 동네에서 살아보길 추천한다. 매매보다 부담이 적은 월세나 전세로 거주하다 보면 살아본 사람만 알 수 있는 해당 지역의 장단점이 보이게 될 것이다.

전·월세로 살면서 시세 변화를 공부하는 것도 큰 도움이 된다. 시세와 지역 분위기를 체크하고 있으면 상대적으로 가격이 저평가되거나 급매물이 나왔을 때 과감하게 매수할 수 있게 된다. 본인이 살아본 지역이기 때문에 누구보다 그 지역을 잘 알고 있고 가격의 변화도 알고 있기 때문에 매수 적기를 가장 적절하게 잡을 수 있다. 신혼집은 발품을 많이 팔더라도 가급적 장기적으로 내재 가치가 있어 가격이 상승할 여력이 있는 지역에 구하길 강력히 추천한다.

내 집 마련은 언제 해야 할까?

부동산 시장에는 사이클이 있다. 모든 자산과 마찬가지로 부동산 자산도 상승과 하락을 반복한다. '침체기 - 회복기 - 상승기 - 하락기' 4단계로 이루어져 있다. 왜 이런 사이클이 발생하는지 생각해보자. 부동산은 하루아침에 공급할 수 없다. 아파트를 짓기 위해서는 토지 보상 및 구매, 사업 인허가, 분양 모집, 건축 및 완공 등 일련의 단계가 필요하다. 오늘 당장 시작해도 공급까지는 최소 3~4년의 세월이 걸린다. 집은 지금 당장 필요한데 공급은 몇 년 뒤에 일어나는 것이다. 더 구체적으로 살펴보면, 수요가 많아서 집을 지으면 오히려 공급이 많아져 부동산 가격은 하락한다. 가격 하락으로 인해 수요가 줄어들어 공급하지 않으면 당장 집이 부족해서 부동산이 다시 상승하는 원리다.

대중은 구매 심리가 시시각각 변한다. 혹여라도 한쪽으로 쏠림 현상이 있으면 시장은 왜곡될 수 있다. 집값이 오른다고 하면 '묻지마 투자'를 하고 집값이 내려갈 것 같으면 언제 그랬냐는 듯 아무도 관심을 가지지 않는 게 대중의 심리다. 내 집을 고를 때 부동산 사이클을 고려해보자. 대중이 관심을 두지 않을 때가 절호의 기회다. 대중의 관심이 없다가 상승을 시작하려는 회복기가 집을 구매해야 할 시기다.

그러나 사람마다 제각각 사정이 모두 다르기에 어느 시기가 가장 적절한가에 대한 정답은 없다. 부동산 자산의 가치는 장기적으로 우상향한다는 과거의 사례에 비추어보면 매수 타이밍을 너무 맞추려 할 필요는 없다. 내가 집이 필요한 시기라면 자신의 소득으로 감당할 수 있는 집을 매수하기 바란다. 내 집을 가지고 있을 때의 심리적 안정 등 만족도는 생각보다 크다.

2021년 말 기준으로 현재와 같이 부동산 가격이 상승 막바지에 있다는 시각이 지배적인 경우에는 반드시 전세가격이 지속적으로 상승할 지역의 주택을 매수해야 한다. 혹시나 주택가격의 하락기가 와도 전세가격이 매매가격의 하락을 방어해주는 역할을 한다. 가격이 떨어지면 계속 내 집의 편안함을 누리면서 살면 되고, 혹시나 이사를 가더라도 전세가격이 높으니 집을 보유하는 데 필요한 돈이 적게 들어 다시 돌아올 상승기까지 버틸 수 있다.

앞으로도 오르는
내 집 고르는 노하우

전세가율 높은
아파트 고르기

전세가율이란 매매가격과 전세가격의 비율을 말한다. 전세가율이 80%라는 말은 집값이 1억 원인데 전세가 8천만 원이라는 뜻이다. 매매가격과 전세가격의 차이를 간단하게 이야기하면, 우선 매매가격은 실거주 사용 가치와 미래의 가격 상승 기대분의 합이다. 전세가격은 철저하게 실거주 사용 가치의 가격으로 수요와 공급의 원리에 따라 결정된다. 결국 매매가격은 거품이 낄 수 있

월급은 적지만 부자는 되고 싶어

지만 전세가격은 거품이라는 게 없다. 세입자로서는 집값이 오르든 내리든 상관없다. 내가 살 집의 교통이 편리한지, 학군이 좋은지, 상권이 잘 형성되어 있는지가 중요하다. 전세가격은 주변 지역에 특별히 과잉 공급이 되지 않는 한 물가상승률을 웃도는 수준으로 오르는 것이 정상이다.

극단적으로 매매가격보다 전세가격이 높을 수 있을까? 그런 일은 발생하지 않는다. 매매가격은 전세가격 이하로는 내려갈 수 없다. 즉 전세가격은 집값의 저항선이라고 보면 된다. 간혹 로열층의 전세가격과 비로열층, 즉 1층의 매매가격이 역전되어 전세가격이 더 높아 보이기도 한다. 로열층의 매매가격과 비로열층의 전세가격이 20% 이상 차이 나는 상태에서 평균값을 보면 이런 왜곡 현상이 발생한다. (정확한 거래 상황을 파악하려면 아파트 실거래가 앱 '아실'을 이용하면 좋다. 거래된 아파트의 동호수가 표시되어 왜곡된 가격을 파악할 수 있다.)

반대로 전세가격이 오르면 자연스럽게 매매가격이 밀려 올라간다. 집을 구매할 때 가장 중요하게 봐야 할 지수가 바로 해당 아파트의 전세가율이다. 전세가율이 높은 아파트는 하락장에서도 전세가격이 탄탄하게 받쳐주기 때문에 하방경직성(가격이 한번 결정된 이후에는 경제 여건이 변해도 가격이 쉽게 하락하지 않는 현상)을 갖는다. 주변에 신도시가 생긴다거나 택지개발이 예정되어 있다면 갑작스럽게 전세가율이 떨어질 수 있으니 주의해야 한다. 이러한 변수가 없다면 전세가율이 높은 아파트는 사이클에 따라 하락 장이 와도 버틸 수 있다.

예산 내에서 가급적 비싼 아파트를 사자

상승기 시장에서는 통상 비싼 아파트가 좋은 아파트다. 부동산은 결국 땅 위에 지어진다. 아파트도, 상가도, 건물도 모두 땅 위에 있는 것이다. 결국 땅의 가치가 오르는 부동산을 사야 한다. 그럼 어떤 땅의 가치가 오를 수 있을까? 바로 사람들이 많이 모이는 곳이다. 수도권일수록 사람이 많이 살고, 서울일수록 밀집도가 높다. 서울 중에서도 어떤 지역이 좋은지는 굳이 말하지 않아도 다들 알고 있을 것이다. 내가 살 집이 변두리인지 핵심지역인지에 따라 아파트의 가격 상승은 천차만별로 달라진다. 잘 모르겠다면 비싼 아파트를 찾으면 된다. 요즘은 네이버 부동산에만 들어가도 모든 정보가 나온다. 현재의 매물, 평당 가격이 지도에 직관적으로 표시되어 있다. 어떤 부동산이 좋은지 궁금하다면 현재 가격이 비싼 지역이 가장 좋은 곳이다.

자본주의 시장에서는 기본적으로 비싼 것이 좋은 것이다. 사람들은 좋지 않은 곳을 절대 비싸게 사지 않는다. 좋은 지역에 있는 좋은 아파트를 싸게 사면 된다. "비싼 아파트가 좋다는 걸 누가 모르나? 돈이 없는 게 문제지!"라고 할 수도 있다. 여기서 언급한 비싼 아파트란 상대적 비교 수단이다. 강남구와 노원구를 비교하라는 말이 아니다. 노원구 내에서 아파트를 사려면 그 지역에서 가장 비싼 아파트를 구매하라는 의미다. 즉 그 지역의 랜드마크 아파트를 사는 것이 실패를 줄이는 길이다. 만약에 그 지역의 랜드마크 아파트를 살 예산이 부족하다면 그보다 조금 떨어지는 지역으로 가서 가용 범위 내의 예산으로 가장 비싼 아파트를 골라야 실패할 확률이 적다.

학군 좋은 아파트를 고르자

2025년부터 자립형 사립고등학교(자사고) 제도가 폐지된다. 정권이 바뀌면 어떻게 될지 모르지만, 자사고 제도가 폐지되면 우수한 학생들은 더욱더 학군지 주변 아파트로 몰린다. 서울의 대표 학군 지역은 대치동, 목동, 중계동이다. 수도권 대표 학군 지역은 분당, 일산, 평촌, 용인 수지 정도이고 인천 지역에서는 송도가 뜨고 있다. 맹모삼천지교라고 하지 않던가. 우수학군 지역 아파트는 맹모들의 수요가 끊임없기에 전세가율이 상대적으로 높다.

자녀를 좋은 중학교를 보내기 위해 보통 초등학교 5~6학년 때 이사를 한다고 한다. 매매로 들어가는 수요도 있지만, 아이가 공부는 잘하는데 매매를 할 형편이 안 될 때는 전세로라도 학군이 좋은 지역에 가려고 한다. 최근에는 자녀가 1~2명 정도이기 때문에 아이를 잘 키우려는 욕심이 강하다. 이러한 맹모들의 열성으로 전세가격이 탄탄하게 받쳐주기에 학군 지역은 가격이 내려갈 여지가 적다. 앞에 언급한 주요 학군지는 이미 비싼 지역이다. 유명 학군지에 입성하기 힘들다면 내가 구매하려고 하는 지역 또는 권역에서 가장 교육열이 높은 지역으로 선택하는 것이 하나의 방법이 될 수 있다. 예산 범위 내에서 지역을 고르고 그 지역에서도 가장 학군이 좋은 곳을 고르면 비교적 좋은 선택이 될 수 있다.

상대적으로 저평가된 아파트 찾기

저평가라는 말이 포괄적으로 들릴 수 있다. 간단하게 말해서 지금은 별로 좋지 않은데 앞으로 좋아질 곳을 골라야 한다. 양질의 일자리가 생기는 곳이나, 아니면 양질의 일자리로 이동하는 교통망이 새로 생기는 곳이 저평가된 곳이다. 투자를 위한 주택이 아닌 내 집 마련용 주택은 오랜 기간 거주할 수 있으므로, 현재는 명확하게 가시화되지 않지만 나중에는 천지개벽할 곳을 골라야 한다.

어떻게 그런 곳을 찾아야 할지 궁금할 것이다. 우선 국토종합계획을 공부해보자. 국토종합계획은 국토교통부에서 우리나라의 개발을 어떻게 할 것인지 큰 뼈대를 구성한 계획이다. 과거의 사례를 보면 시간은 걸렸지만 결국 개발이 완료되어 부동산의 가치가 상승했음을 알 수 있다. 그다음으로는 각 지방자치단체의 도시개발계획을 참고해보자. 국토종합계획보다는 좀 더 세부적으로 지역별 특성에 맞게 개발 계획을 세우고 있다. 한 가지 주의해야 할 것은 이러한 사업들이 진행되기는 하지만 언제 될지는 장담할 수 없다는 점이다. 투자는 확률 게임이다. 조금 더 높은 확률을 선택해 리스크를 줄여야 하는데 앞으로 좋아질 것이라고 명시된 자료를 분석하는 것은 당연하다. 확률적으로 볼 때 공부 없이 진입하는 것과 타당한 분석 후에 진입하는 것은 명확한 차이가 난다.

가격에 맞는 내 집 찾기
(네이버 부동산 활용하기)

① 네이버 부동산(land.naver.com)에 접속해 '매물' 코너로 들어
  간다.

월급은 적지만 부자는 되고 싶어

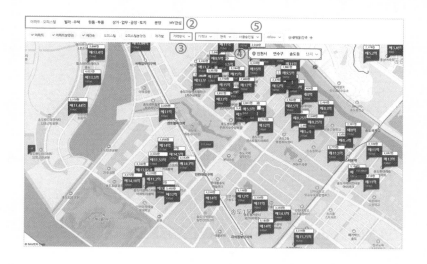

② [아파트·오피스텔], [빌라·주택], [원룸·투룸] 중 원하는 주거
유형을 선택한다.

③ [매매], [전세], [월세], [단기임대] 중 원하는 거래방식을 선택
한다.

④ 희망하는 지역을 '구' 단위로 설정한 후 지도를 클릭한다. 그러
면 지도에 해당 지역구 매물의 가격과 위치가 표시된다.

⑤ [가격대], [면적], [사용승인일]을 클릭해 원하는 조건을 입력
하면 해당 조건에 맞는 매물이 지도에 표시된다.

⑥ 매물을 클릭해 해당 물건의 가격과 주변 가격을 확인한 후 부
동산에 전화해 실제 매물이 맞는지, 가격이 맞는지 확인한다.

⑦ 현장에 직접 방문해 인터넷 매물과 동일한지 파악한다.

CASE 1
은행 대출 받아 내 집 마련

은행 대출은 일반적으로 집을 매매할 때 사용하는 방법이다. 정부에서 부동산 가계대출을 강력히 규제하고 있기 때문에 매수 전에 대출이 가능한지 은행에 확인하는 과정이 꼭 필요하다. 대출이 나오지 않아 계약이 파기되면 계약금을 전부 잃을 수도 있다.

수도권 및 지방 광역시는 집값의 60% 정도는 종잣돈이 있어야 구매할 수 있다. 무주택 서민 실수요자는 대출조건을 정책적으

월급은 적지만 부자는 되고 싶어

서민 실수요자 주택담보대출 우대요건		
구분	투기과열지구	조정대상지역
우대요건	무주택 세대주	
소득기준	부부합산 연소득 9천만 원 이하 생애 최초 구입자 1억 원 미만	
주택기준	9억 원 이하	8억 원 이하
우대수준	최대 4억 원 한도(공통)	
LTV	~6억 원: 60% 6~9억 원 구간: 50%	~5억 원: 70% 5~8억 원 구간: 60%
DTI	60%	60%
DSR	은행권 40%, 비은행권 60%	

로 완화해준다. 여기서 무주택 서민 실수요자란, 부부합산 소득이 9천만 원 이하(생애 최초 1억 원 미만)이면서 주택가격이 9억 원 이하(투기과열지구 기준)인 주택을 구매하는 무주택 세대주를 말한다. 세대원 구성원 전원이 무주택이어야 한다.

은행에서 대출을 해주는 기준은 매매가격이 아닌 KB국민은행 시세다. 투기과열지구에서 7억 원짜리 집을 매수했다고 하더라도 KB 시세가 6억 원이라면 LTV 60%가 적용되어 3억 6천만 원의 대출이 나온다. 즉 7억 원짜리 집을 구매하려면 3억 4천만 원의 자본금이 필요하다. 대출한도에 따라 잔금 계획을 잘 세워 손해 보는 일이 없도록 해야 한다.

CASE 2
가족뱅킹 활용해 내 집 마련

대출이 어려울 경우 부모님이나 가족에게 돈을 빌려 집을 사는 경우가 있는데, 이때는 매우 주의해야 한다. 부모 자식 간에도 증여 공제한도 이상의 돈을 무상으로 빌려주면 국세청으로부터 증여세 추징을 당할 수 있다. 이에 대비하기 위해 부모와 자식 간에도 차용증서를 작성한 후 법무사에게 공증을 받고 매달 이자를 자동 이체시켜야 한다.

세법에서 정한 이율은 4.6%다. 예를 들어 "채무자 갑은 채권자 을에게 2억 원을 연 4.6% 이자로 차용하며 원금은 만기 시 일시 상환한다. 차용기간은 10년으로 한다."와 같은 방식으로 차용증서를 작성한다. 국세청에서 자금출처 조사를 통상 취득일로부터 10년까지만 하므로 10년 이후에는 보통 무상 증여가 되는 셈이다. 하지만 이 방법은 언제든 국세청에서 소명을 요청하거나 의심되는 정황을 포착하면 가산세와 원 세금이 추징될 수 있으니 주의를 요한다. 세무사도 헷갈릴 정도로 세법이 많이 개정되었기에 세금 관련해서는 비용이 들더라도 꼭 세무사와 상담하길 추천한다. 상담비용 몇십만 원 아끼려다 오히려 세금 몇백만 원이 나올 수 있다.

월급은 적지만 부자는 되고 싶어

증여세 자세히 알아보기

증여세란, 경제적 가치의 무상 이전에 대해 부과하는 세금을 말한다. 증여세는 최소세율 10%에서 최고세율 50%까지 부과하며 누진세를 적용한다.

증여세 누진세율		
과세표준	세율	누진공제액
1억 원 이하	10%	-
1억 원 초과~5억 원 이하	20%	1천만 원
5억 원 초과~10억 원 이하	30%	6천만 원
10억 원 초과~30억 원 이하	40%	1억 6천만 원
30억 원 초과	50%	4억 6천만 원

※ 납부세금=(과세표준×세율)-누진공제액

증여세 면제한도(무상 증여 가능금액)	
증여 대상	증여 공제액(10년간 합산)
배우자	6억 원
직계존속(부모, 조부모 등)	5천만 원
직계비속(자녀, 손주 등)	5천만 원(미성년자 2천만 원)
기타 친족(4촌 이내 인척, 6촌 이내 혈족)	1천만 원

※ 10년마다 무상 증여가 가능하다. 부모님께 증여를 받는 경우 5천만 원까지는 세금이 없지만 그 이상일 경우 금액에 따른 세율을 적용해 세금을 내게 되니 주의해야 한다.
※ 계부, 계모로부터 증여받는 경우에도 직계존속과 동일하게 무상 증여가 가능하다.
※ 시부모가 며느리에게 증여하는 경우에는 직계존속으로 보지 않고 기타 친족으로 본다.

CASE 3
전세 끼고 내 집 마련

지금 당장은 돈이 없어서 입주할 능력이 안 된다면 나중에 입주할 목적으로 전세를 끼고 집을 매수하는 것도 한 방법이다. 임대차 3법의 '전·월세 상한제' 도입으로 인해 전세 임차가 되어 있는 집의 매매가격이 실입주할 수 있는 집의 가격보다 낮아져 있다. 전세 임차인의 계약갱신권 청구 가능성 때문에 내 집인데도 임차인에게 마음대로 나가라고 할 수 없다. 전세 낀 집의 가격이 상대적으로 저렴한 이유가 여기에 있다. 시세보다 저렴하게 매수한 뒤 전세 임차인이 나갈 때까지 돈을 모아서 내 집에 들어가는 것도 좋은 방법이다.

다만 구입하려는 집의 전세가격이 떨어질 요인이 있다면 주의해야 한다. 주변 지역에 신도시 개발 등으로 입주물량이 많은 경우 구축 아파트를 전세 끼고 마련한다면 전세가격이 일시적으로 하락할 가능성이 있다. 기존 전세가격보다 낮은 가격으로 거래되어 보증금을 돌려주기 어려운 역전세가 발생할 수도 있으니 주변 입주물량을 꼭 체크해야 한다.

월급은 적지만 부자는 되고 싶어

CASE 4
청약제도 활용해 내 집 마련

청약제도는 당첨이 어렵긴 하지만 그래도 여전히 가장 저렴하게 좋은 집을 구매할 수 있는 방법이다. 청약에 당첨될 확률을 높이기 위해서는 먼저 자신의 당첨 가능성을 정확하게 파악하는 게 중요하다. 만약 가점이 합격권에 들 수 있다면 도전해볼 만하지만, 가점이 너무 낮은 상태에서 부푼 꿈만 안고서 계속 도전하는 것은 무모한 짓이다. 당첨이 안 되면 시간이 지날수록 불안하고 초조해질 수밖에 없다.

청약가점이 높은 사람은 2~3년이 걸리더라도 꾸준히 도전해보기를 바란다. 만약 가점이 낮더라도 1년 정도는 열심히 청약을 넣어보고, 안 되면 급매를 구하는 것이 차라리 나은 선택일 수 있다. 서울권 기준으로 가점이 최소 60점 이상은 되어야 당첨이 가능하다. 경기도 외곽이라면 가점이 낮아도 당첨될 확률이 있다. 또한 대형평형($84m^2$ 초과)인 경우에는 가점제가 아닌 추첨제(일명 뺑뺑이) 비율이 있으므로 1순위 요건에 해당된다면 반드시 신청해봐야 한다.

CASE 5
무순위 청약 활용해 내 집 마련

무순위 청약제도란 분양한 아파트의 부적격 등으로 남은 분양 물량을 시행사에서 다시 청약하는 제도를 말한다. 흔히 '줍줍'이라고 불리며 엄청난 경쟁률을 자랑한다. 최근에는 정부에서 지원 자격을 강화해 실수요자들이 당첨될 수 있도록 했다. 꾸준히 본 청약을 넣으면서 무순위 청약 공고가 나면 틈틈이 신청해보자. 우연한 기회에 행운을 얻을 수 있다.

과거에는 무순위 청약 신청 시 모델하우스에 먼저 온 순서대로 번호표를 주었다. 전날 밤부터 밤새 모델하우스 앞에서 줄을 서면서 아파트 계약을 하는 진풍경이 벌어지기도 했다. 무순위 청약에 참여하려고 현장에 간 적이 있었는데, 빠른 순번의 번호표를 부동산 중개업자들이 100만 원에 팔기도 했고 실제로 돈을 주고 사는 사람도 있었다. 현장은 눈치 싸움과 돈을 벌겠다는 사람들의 치열함으로 살벌했던 기억이 난다. 지금은 인터넷으로 청약 신청을 하고 실제 그 지역에 거주하는 무주택자에게만 신청 기회를 제공하니 관심 있는 사람은 꼭 살펴보자. 과거보다 무주택자는 당첨 확률이 높아졌다. 사람들은 본 청약에만 관심이 있고 무순위 청약제도를 잘 모르는 경우가 있으니 기회를 놓치지 말고 신청해보길 추천한다.

월급은 적지만 부자는 되고 싶어

CASE 6
경·공매 활용해 내 집 마련

경매와 공매를 잘 활용하면 시세보다 저렴하게 집을 살 수 있다. 권리상 하자가 없는 일반 아파트 물건은 현재 시장에서 거래되는 시세 수준으로 낙찰되는 경우가 대부분이다. 하지만 간혹 권리상 하자가 없는데도 불구하고 시세보다 저렴하게 낙찰되는 경우가 있다. 대부분의 사람들은 경매 물건을 찾을 때 유찰된 물건을 검색해본다. 감정가가 시세보다 낮게만 나오면 1차에 과감히 입찰해보자. 간혹 단독입찰로 행운의 주인공이 될 수도 있다.

다만 초보자가 처음부터 경매로 낙찰을 받기는 쉽지 않으니 사전에 철저한 공부와 준비가 필요하다. 앞서 이야기한 단독입찰 사례는 확률이 낮기 때문에 투자자라면 도전해볼 만하지만, 내 집 마련 실수요자라면 급매물을 잡는 것이 시간과 노력 대비 효율이 좋다고 생각한다. 하락장이 오는 시기에는 정말 저렴하게 부동산을 낙찰 받을 수 있으니 앞으로 올지 모르는 하락장에 대비해 틈틈이 공부해놓을 필요가 있다. 경매 공부는 단기간에 되지 않기 때문에 하락장이 와서 공부하기에는 이미 늦다. 항상 반 박자 먼저 시작하고 진입해야 한다.

반드시 알아야 할
대출 관련 용어

LTV(Loan to Value Ratio)

담보인정비율로, 주택·상가 등 물건의 가치 대비 대출이 가능한 비율을 뜻한다. 쉽게 말해 담보물로 빌릴 수 있는 최대 한도 요율을 말한다. LTV 60%란, 가격이 5억 원인 주택에 3억 원까지 대출이 가능하다는 말이다. 투기과열지구, 조정대상지역, 비규제지역에 따라 LTV 한도가 다르다. 정부에서 가계 대출을 통제하기 위해 활용하는 방법이다.

DTI(Debt To Income)

총부채 상환비율로, 수입 중에서 빚(이자+원금)이 차지하는 비율을 제한하는 제도다. 개인별 소득 대비 빚이 늘어나는 것을 통제해 무리한 가계부채가 생기지 않도록 하는 데 목적이 있다. 가령 50억 원짜리 건물을 사는 데 LTV 50%가 적용되면 25억 원까지

월급은 적지만 부자는 되고 싶어

대출을 받을 수 있다. 그런데 소득이 연 2천만 원이라면 25억 원을 갚을 여력이 안 되므로 25억 원을 다 빌릴 수 없다. DTI는 금융권의 과도한 대출과 채무자의 부실 부채 상환을 방지하는 역할을 한다.

※ DTI는 신규 및 기존 주택담보대출에 대한 빚(이자+원금)이 기준이고 DSR은 금융권의 모든 빚을 기준으로 제한하는 제도다.

DSR(Debt Service Ratio)

총부채 원리금 상환비율로, 채무자의 모든 부채(이자+원금)에 대한 상환 부담을 연소득 대비로 나타낸 지표다. DSR은 금융권에서 받은 모든 대출(주택담보대출, 신용대출, 마이너스통장, 학자금대출, 자동차 할부, 카드론, 신용카드 미결제금액 등)을 합산해 소득 대비 대출을 제한하는 가장 강력한 대출규제 제도다. DSR 규제의 핵심은 연소득이 적거나 기존 대출이 많으면 대출 받을 수 있는 한도를 줄이는 것이다.

※ DSR 산정 시 제외되는 대출 항목
 - 전세자금대출, 예·적금 담보대출, 보험계약대출(약관대출)
 - 서민금융상품, 정부 및 지자체 협약대출, 자연재해 지역 긴급 대출 등
 - 소액대출(300만 원 미만) 등 적용 실익이 크지 않은 대출

여기저기 기웃거리지 말고
한 우물만 파라

대박을 바라면
쪽박 찬다

투자에 실패했던 이야기를 해보려고 한다. 2018년은 '암호화폐의 해'라고 할 정도로 온 국민이 암호화폐에 열광했었다. 나도 1천만 원으로 암호화폐 투자를 한 적이 있었다. 처음에는 하루에도 몇백만 원씩 돈을 벌었다. 신세계였다. '내가 왜 회사에서 10시간, 11시간씩 고생하면서 일을 했을까?' 하는 생각이 들었다. 처음에는 100만 원만 투자했는데 돈을 버니 200만 원, 300만 원씩 넣

월급은 적지만 부자는 되고 싶어

게 되었다. 그러다 보니 어느새 1천만 원이라는 큰돈이 암호화폐 거래소에 들어가 있었다. 심지어 내 돈도 아닌 은행에서 신용대출 받은 돈을 말이다. 탐욕에 눈이 멀었던 것이다.

결과는 어떻게 되었을까? 처음에 수익이 날 때는 좋았다. 그런데 어느 순간 가격이 하락하더니 걷잡을 수 없이 내려갔다. 암호화폐는 변동성이 심해서 하루에도 100%가 오르고 200%가 떨어지기도 한다. '내일은 오르겠지, 그다음 날은 오르겠지.' 그렇게 지내길 일주일 만에 가격은 반 토막이 났다. 그렇게 한 달을 버티니 -90%가 되었다. 1천만 원의 돈이 한 달 만에 100만 원으로 줄어들고 900만 원이란 돈이 증발해버린 것이다. 다시 오를 거라는 믿음으로 3년을 가지고 있었더니 2021년 상반기에는 가격이 많이 올랐다. 조금은 팔았지만 아직도 일부 가지고 있다. 2021년 현재 수익률은 -95%, 남은 돈은 50만 원이다. 아직까지도 신용대출을 받은 은행에 매달 이자를 내고 있다. 이자비용을 고려하면 1천만 원을 모두 날린 셈이다. 2021년 상반기에 암호화폐의 가격 변동 폭이 다시 커지며 회사 동료와 친구들이 돈을 벌었다는 이야기가 돌았다. 하지만 그 결과를 알기에 나는 크게 동요하지 않는다.

암호화폐 투기를 하면서 두 가지를 배웠다. 첫 번째는 '하이 리스크 하이 리턴(high risk high return)'이라는 것이다. 수익률이 높은 투자는 그만큼 리스크도 크다. 두 번째는 공부하지 않는 투자는 실패한다는 것이다. 청약으로 내 집 마련을 했을 때는 열심히 임장을 다니며 부동산을 보는 안목을 키웠지만, 암호화폐는 그냥 아무 생각 없이 공부도 분석도 하지 않고 투자했다. 이것이 바로 두 투자 사이의 차이점이다. 결국은 공부하지 않고 요행을 바라는 투자는 반드시 실패한다는 사실을 뼈저리게 느꼈다. 하지만 지나고 나서 생각해보니 그때 돈을 잃지 않았으면 돈 벌기가 쉽다고 생각해서 더욱더 무리한 투자를 진행했을 것 같다. 그렇게 되었다면 더 큰 손실을 봤을지도 모른다. 결국은 1천만 원의 수업료를 내고 배운 셈이다. 반드시 기억하자. 이렇게 위험한 투자에 절대로 전 재산을 걸지 말자. '인생은 한 방'이라며 역전하려다가 쪽박 차게 된다.

부자는 자신의
주 종목이 있다

주식도 하고 부동산에도 투자하면 안 될까? 사실 한 분야에만 몰두해서 공부해도 알아야 할 것이 엄청 많고 성공을 장담할 수 없는 것이 투자의 세계다. 하물며 두 가지를 모두 잘하겠다는 것은 욕심이다. 〈주유소 습격사건〉이라는 오래된 영화가 있다. 여기에서 배우 유오성의 명대사가 있다. "나는 한 놈만 팬다."

부자들은 대부분 한 종목에 집중해서 부자가 되었다. 여기저기 기웃거리며 시간을 낭비할 시간에 한 분야에 파고드는 것이 성공률을 높이는 지름길이다. 한 가지 분야에서 두각을 나타내기도 어려운 것이 투자다. 부동산만 해도 투자 종류가 여러 가지가 있다. 아파트, 상가, 지식산업센터, 오피스텔, 꼬마빌딩, 토지, 지분경매, 공매, 재개발, 재건축, 분양권 등 세부적으로 들어가면 종류가 수없이 많다. 이렇게 많은 투자 방법을 전부 자신의 것으로 만들어 성공하기는 어렵다. 여러 투자 대상을 전체적으로 공부한 뒤 자신에게 가장 잘 맞을 것 같은 투자 종류를 정하고 그 분야를 파고들어야 한다. 전업 투자자가 아니기 때문에 공부하고 투자에 사용할 수 있는 시간 자체가 많지 않다. 시간을 효율적으로 사용하기 위해서는 명확한 목표 설정이 중요하다.

한 분야에 집중해서 그 분야의 전문가 수준이 되었다면 다음 단계로 넘어갈 수 있다. 한 분야를 정확히 공부해놓으면 비슷한 분야를 익힐 때 시간이 적게 든다. 예를 들어 재개발 분야의 준전문가가 되었다면 재건축을 공부할 때는 재개발을 공부할 때의 절반 정도의 노력만 있으면 될 것이다. 자신의 주 종목을 잘 만들어놓으면 비슷한 영역으로의 확장성이 생긴다.

부자들은 주 종목을 통해 부자가 되고 그 뒤에 다른 자산에 배분한다. 고액 자산가가 된 사람들의 인터뷰를 보면 자신의 주력 분야로 부자가 된 다음에 자산 관리 차원에서 종류가 다른 자산에 분산해놓는다. 예를 들어 주식으로 수백억 부자가 된 슈퍼개미도 강남에 집, 꼬마빌딩 등을 사놓고 리스크를 분산하는 식이다. 자신이 아직 그만큼의 부자가 아니라면 한 가지 투자 방법에 몰입해 끝장을 봐야 승산이 있다. 자산도 적은 초보자가 여기 찔끔, 저기 찔끔 투자해서는 절대로 부자가 될 수 없다. 나 같은 경우에도 여기저기 기웃거리다가 지금은 부동산 투자로 방향을 잡아 집중하고 있다.

월급은 적지만 부자는 되고 싶어

본질을 알아야
투자에 성공한다

투자성향
파악하기

투자는 개인의 성격에 영향을 많이 받는다. 손실 회피에 극도로 민감한 사람이 변동성이 큰 트레이딩 주식 투자를 한다면 오르락내리락하는 차트 때문에 스트레스를 받아서 아무 일도 못할 것이다. 이런 성향을 바꿀 수 있을까? 사람의 성향은 잘 바뀌지 않는다. 그렇기에 개인마다 투자 방법이 달라야 한다. 자신의 성향과 위험 감수 정도에 따라 잘 맞는 투자법을 고민해야 한다. 내가 어떤 투자 성향인지 잘 모르겠으면 아래 세 가지 유형별 투자 방법을 확인해보자. 자신의 색깔에 맞는 투자 방법을 선택하는 데 도움이 되었으면 한다.

① 하이 리스크 하이 리턴, 주식 투자

주식에도 선물, 옵션이라는 파생상품이 있다. 극단적인 하이 리스크 하이 리턴 상품이다. 초보자가 접근하기에는 매우 어려운 영역이니 절대 발을 담그지 않았으면 한다. 일반적으로 주식 투자를 하는 사람은 하이 리스크 하이 리턴을 추구하는 경향이 있다. 코스피 상장 기업 중 우량한 기업에만 적립식으로 매월 투자한다면 변동성이 조금 적을 수는 있다. 매월 우량기업에 적금 붓듯이 투자하는 방법은 트레이딩 같은 단타 매매보다는 리스크가 적다고 할 수 있다. 하지만 내가 산 우량기업이 미래에도 계속해서 성장할지 판단하기는 매우 어려운 영역이다.

예를 들어보자. 삼성전자가 과거보다 수백 배가 올랐고 현재 코스피 시장에서 가장 큰 시가총액을 차지하고 있다. 사람들은 이렇게 이야기한다. "10년 동안 삼성전자 주식을 사 모았다면 나도 부자가 됐을 텐데."라고 말이다. 그런데 이건 삼성전자가 지금의 1등이라서 하는 말일 뿐, 내가 산 기업이 10년 뒤에도 1등을 하고 있을지는 아무도 모른다.

그렇기에 주식 투자는 하이 리스크 하이 리턴 투자가 되는 것이다. 리스크를 줄이기 위해 많은 기업에 분산 투자를 하면 원하는 안정성을 얻을 수는 있지만, 모든 기업의 주가가 좋을 수는 없으니 평균수익률은 떨어진다. 하이 리스크 하이 리턴을 추구하는 투자자에게는 권하지 않는 방식이다. 오히려 기업을 정확하게 분석하고 시장에 대응하면서 핵심 기업에 일정 금액 이상의 종잣돈을 투자해야 좋은 성과를 거둘 수 있다.

주식 투자는 기본적으로 변동성이 큰 만큼 큰 수익을 낼 수도 있고 큰 손실을 볼 수도 있다. 투자 손실이 커도 버틸 수 있는 강한 멘탈을 가진 사람들에게 주식 투자를 추천한다. 조금만 손실을 봐도 잠 못 자고 주가만 쳐다보는 사람에게는 주식 투자를 추천하지 않는다. 직장인이라면 온종일 일을 못 하고 주식 차트만 보고 있을 수 있다. 그렇게 되면 직장생활과 투자 모두 실패할지도 모른다. 직장생활을 등한시하다 직장에서 문제가 생기면 투자에도 집중할 수 없기 때문에 실패할 확률이 높아진다. 주식 투자를 하면서 직장생활을 제대로 못 할 것 같으면 주식 투자는 하지 말자. 두 마리 토끼를 모두 놓칠 수가 있다.

② 변동성이 작은 자산 배분 ETF 투자

안전한 투자를 선호하는 사람들에게는 ETF(상장지수펀드) 투자를 추천한다. ETF란 쉽게 말해서 여러 주식을 담는 그릇이다. 개별 주식이 아닌 여러 주식을 섞어서 특정 주가지수의 움직임에 따라 가격이 변하므로 주식보다 변동성이 작다. 개별 기업을 분석하기 힘든 초보자에게 추천한다.

ETF 투자와 관련된 책이 많이 나와 있지는 않지만, 김성일 저자의 『마법의 연금 굴리기』와 『마법의 돈 굴리기』를 추천한다. ETF가 무엇인지, 왜 자산 배분 투자를 해야 하는지 초보자도 알기 쉽게 설명해주어 ETF를 활용한 자산 배분 투자법을 배울 수 있다. 국민연금 같은 기관 투자자들은 모두 자산 배분 투자를 한다. 이런 자산 배분 포트폴리오를 개인 투자자에게 맞게 변환한 투자 방법을 공부해보면 ETF에 대해 감을 잡을 수 있을 것이다.

자산 배분 투자에 대해 간략히 이야기해보자면, 일반적으로 주식 가격이 오르면 채권 가격이 내려간다. 주식과 채권의 가격은 반대로 움직이는 관계를 보인다. 결국 포트폴리오에 주식 50%와 채권 50%를 가지고 있으면 주식 가격이 폭락해도 채권 가격이 상승하면서 손실을 상쇄한다. 반대로 채권 가격이 하락하면 주식 가격은 상승하니 리스크를 분산할 수 있다. 이것이 자산 배분 투자의 원리다.

'포트폴리오 이론'은 노벨경제학상을 받은 미국의 경제학자 해리 마코위츠가 1952년 경제 학술지에 논문을 발표하면서 알려졌다. 수익은 극대화하면서 위험을 최소화하는 포트폴리오를 선택하는 과정을 설명하는 이론이다. 자산 배분 투자 방법은 이 포트폴리오 이론에 근간을 두고 있다.

월급은 적지만 부자는 되고 싶어

③ 전통적으로 가장 많은 부자가 탄생한 부동산 투자

KB금융지주 경영연구소에서는 매년 '한국 부자 보고서'를 발간한다. 한국의 부자들을 분석한 이 보고서를 보면 50억 원 이상 자산을 소유한 부자들이 부를 이룬 원천을 알 수 있다.

2011년 기준으로 자신의 자산을 형성한 부의 원천 중에 44.7%가 부동산 투자라고 부자들(50억 원 이상)은 응답했다. 2020년에는 그 비중이 대폭 줄어들긴 했지만 28.9%의 결과가 나왔다. 사업소득 다음으로 역시 상당한 비중을 차지했음을 알 수 있다. 금융 투자를 보면 2011년과 2020년 각각 7.9%, 6.4%로 낮은 비중을 보였다. 주변에 부동산 투자로 돈을 번 사람은 많이 보이는데 주식

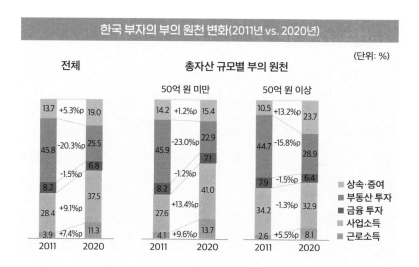

출처: '2020 한국 부자 보고서', KB금융지주 경영연구소

등 금융 투자로 돈을 번 사람은 많이 보이지 않는 이유가 여기에 있다.

한국은 과거 30년 동안 전 세계에서 유례없는 성장을 했다. 그 과정에서 자연스럽게 부동산 가격이 상승하면서 많은 부자가 탄생했던 것이다. 반면 앞으로의 추세를 보면 부동산 비중이 줄어든다는 점은 고무적이다. 우리나라 경제 규모가 이미 많이 성장해 있기 때문에 과거처럼 개발을 통한 성장은 힘들어서 이런 결과가 나왔을 것이다. 그럼에도 불구하고 여전히 매력적인 투자 방법임은 틀림없다.

부자들은 직접투자를 한다

사람마다 성향도 다르고 성격도 다르다. 어떤 사람은 주식이 좋다고 하고 어떤 사람은 부동산이 좋다고 한다. 나도 암호화폐, 적금, 주식, 부동산, 펀드, P2P 투자 등 다양한 분야에 투자를 해봤지만, 수익이 나는 영역에서만 수익이 났다. 초보자라면 검증되어 있는 보편적인 투자를 할 것을 추천한다. 암호화폐로 대박이 나서 수십억을 번 사람도 있다. 하지만 그 주인공이 내가 될 것이라는 착각은 버려야 한다. 매주 로또 당첨자가 발표된다. 로또 당첨자였

월급은 적지만 부자는 되고 싶어

다면 이 책을 읽고 있지 않으리라 생각한다. 이미 로또 당첨이 안 되는 평범한 운을 가진 사람이라면 암호화폐로 수십억을 버는 행운을 얻기는 더 희박하다.

심지어 피 같은 종잣돈을 리스크가 너무 큰 투자처에 넣는 것은 어리석은 짓이다. 초보자가 할 수 있는 투자법은 펀드, 주식, 부동산 정도일 것이다. 이 중에서 펀드로는 부자가 될 정도의 수익은 내기 힘들다. 펀드도 결국은 다른 사람이 운용하고 수수료를 받는 상품이다. 본인이 의사결정을 하는 직접투자 방식이 아닌 간접투자 방법이다.

서점에 가서 재테크 분야 책들을 둘러보자. '펀드 투자로 100억 자산가 되기' 같은 주제의 책을 본 적이 있는가? 내가 읽은 재테크 책이 약 100권도 넘지만 한 번도 펀드로 부자가 되었다는 저자를 보지 못했다. 펀드는 인플레이션을 헷지하는 수준의 투자는 될 수 있지만 큰 부자가 되기는 힘든 방법이다. 주식 투자를 통해 수백억 자산을 이룬 슈퍼개미가 된 사람은 있다. 부동산도 마찬가지다. 결국 부자가 되기 위해서는 직접투자를 해야 한다. 운전하기가 무섭다고 버스를 타면 목적지에 도착하는 시간은 오래 걸린다. 자신이 운전대를 잡고 직접 운용하는 방법이 가장 확실하고 검증된 방법이다.

투자는
운칠기삼

투자는 운이 칠할이다. 투자로 큰 부자가 된 사람들의 이야기를 들어보면 시장이 좋아서, 시기가 좋아서, 운이 좋아서 부자가 되었다고 한다. 코로나19 사태가 일어날 것을 예상할 수 있을까? 미래를 예측하는 것은 신의 영역이다. 만약에 코로나19 전에 여행사 주식을 샀다면, 부동산 상가를 샀다면 어떻게 되었을까? 주가는 하락하고 상가는 공실이 나서 큰 손해를 입었을 것이다. 그 당시 주식을 사고 상가를 산 사람들은 투자하기 전에 철저히 분석했을 것이다. 하지만 운이 없어서 손실을 입은 것이다. 투자가 운의 영역이 더 크다는 사실을 받아들여야 한다. 투자는 근본적으로 불확실성에서 기인한다. 투자를 할 때 이 사실을 알고 하는 것과 모르고 하는 것에는 큰 차이가 있다.

이러한 사실을 모르고 투자하는 대부분의 사람들은 노력과 성공이 비례한다고 생각한다. 열심히 했는데 성과가 안 나면 금방 지치고 투자 자체를 포기하게 된다. 하지만 이 사실을 알고 투자하는 사람은 '이번에는 내가 운이 없어서 그랬구나. 다음번에는 나한테도 운이 찾아오겠지.' 하고 포기하지 않고 노력한다. 투자의 성과는 운이 많이 좌우한다는 것을 꼭 기억하자. 그리고 나에게 운이 찾아올 때까지 기다리는 자세가 중요하다.

운이라는 것은 자신이 통제할 수 있는 영역이 아니다. 그럼에도 불구하고 왜 노력을 해야 할까? 투자는 확률 게임이다. 상대적으로 확률이 높은 것을 고르는 일이다. 이 세상의 누구도 내가 투자한 주가가 오를 것인지 내릴 것인지 알 수는 없다. 하지만 A라는 회사가 1분기에 영업실적이 좋았고, 신제품을 출시할 예정인데 고객들의 사전 반응이 좋다면, 가격이 오를 확률이 높겠다고 생각해서 A회사의 주식을 사는 것이다. 운이 작용하는 불확실한 영역을 제외하고 직접 파악할 수 있는 영역을 분석하고 예측해서 가장 확률이 높은 것을 선택하는 게 투자다. 이렇게 노력하고 실천하는 사람에게는 더 높은 확률로 운이 따른다. 자신이 통제할 수 있는 영역에서 노력하면 남들보다 좀 더 성공할 수 있다. 투자에서 성공하고 싶다면 운칠기삼을 꼭 기억하자.

본진이
우선이다

투자는 전쟁터에 나가는 일과 같다. 전쟁터에 나가서 싸우는데 나의 중심 본부인 본진이 무너지면 어떻게 될까? 야전에서 아무리 승리했어도 중심인 본진을 지키지 못했다면 전쟁에서 지는 것이다. 정말 중요한 것은 본진이다. 본진의 의미는 개인마다 다를 수 있지만 나에게 본진이란 나 자신, 가족, 직장이었다. 투자는 수단일 뿐이지 그 자체가 목적이 되어서는 안 된다. 돈을 많이 벌었어도 본진을 지키지 못했으면 그건 실패한 것이다. 무엇이 진짜 중요한지를 간과하면 안 된다.

배터리를 사용한 후에는 충전하는 시간이 필요하다. 방전될 때까지 사용하면 금방 교체해야 하는데 적절하게 충전해서 사용하면 오래 사용할 수 있다. 나 자신도 마찬가지다. 365일 내내 동일하게 에너지를 쏟으면 금방 방전되어 무슨 일이든 오래 지속하지 못한다. 일주일에 6일을 노력했다면 하루 정도는 넷플릭스에서 인기 드라마를 본다거나 취미생활을 하면서 충전을 해야 한다. 투자는 마라톤과도 같다. 단기간에 끝나지 않는다. 빨리 지치면 시간 싸움에서 지고 결국은 실패하고 만다.

그리고 투자보다 가족이 먼저다. 집안에 걱정거리가 있는데 재테크에 집중이 될까? 투자에 올인하고 성공해 큰돈을 벌었다고 해도 옆에 배우자가 없다면, 자녀가 없다면, 부모님이 안 계신다면 무슨 의미가 있을까? 가족과 좋은 관계를 유지하면 내가 하는 일에 더욱 집중할 수 있게 된다. 가족과 함께하는 시간을 소중히 생각하자. 다시 한번 말하지만 자신이 궁극적으로 추구하는 목적이 더 중요하다.

나도 뭔가에 빠지면 끝장을 봐야 하는 성격이다. 일주일 내내 투자 생각만 하고 있다 보니 어느 순간 가족들 간의 관계가 서먹

해졌다. 가족들이 무슨 말을 해도 듣는 둥 마는 둥이고 머릿속에는 오로지 '어떻게 하면 돈을 불릴 수 있지? 어떻게 하면 돈을 더 벌 수 있을까?' 하는 생각뿐이었다. 그러던 어느 날 첫째 아들이 울먹이면서 아빠랑 놀고 싶다고 이야기할 때 정신이 번쩍 들었다. 내가 경제적인 여유를 가지려는 이유는 가족과 행복하게 살고 시간의 자유를 얻기 위함이었다. 그런데 돈을 버는 데 집중하다 보니 본질을 놓치고 있었던 것이다.

투자보다 직장생활이 먼저다. 직장인이라면 직장이 본진이다. 부모님이 큰 유산을 물려주는 등 특별한 사람을 제외하고 대부분의 사람들은 노동소득을 통해 생계를 꾸려 나간다. 그러니 노동소득을 소홀히 하면 안 된다. 일하지 않아도 들어오는 자동화소득을 만들기 전에는 노동소득이 무엇보다 중요하다. 사무실에서 핸드폰으로 주식차트만 보고 있으면 일에 집중이 될까? 업무 성과가 나지 않는 직원이 승진을 할 수 있을까? 몸값을 올리는 것이 직장인이 해야 할 첫 번째 미션이다. 본진인 직장생활을 홀대하면 다음 단계로 나아갈 수 없다.

앞에서 이야기했듯이 투자는 운칠기삼이 작용하는 영역이다. 내가 아무리 열심히 해도 손실을 볼 수 있다. 하지만 노동소득은 매우 안정적이다. 리스크가 거의 없는 영역이다. 전업투자를 하고 있는 투자자들은 퇴사는 정말 신중히 결정해야 한다고 항상 말한다. 직장을 다니면서 안정적으로 투자하는 것이 더 효율적이라고 이야기한다. 운이 좋고 투자 감각이 다른 사람들보다 뛰어난 소수의 사람들은 전업투자를 하는 것이 맞을 것이다. 하지만 대부분의 사람은 그렇지 못하다. 현실을 정확히 인지하자. 혹여나 주식으로 돈 좀 벌었다고, 부동산 가격이 좀 올랐다고 본진을 포기하고 전장에 나가면 패할 확률이 더 높다.

월급은 적지만 부자는 되고 싶어

“남들이 공포에 질렸을 때 욕심을 내고
남들이 욕심을 낼 때 조심하라.”

_ 워런 버핏

① 투자는 내 집 마련부터가 시작이다

- 청약통장을 가지고 있어야 기회가 생긴다. 틈새시장인 무순위 청약제도를 활용하는 것도 당첨 확률을 높이는 길이다.

- 부동산 투자에 레버리지는 필수다. 대출과 전세금을 활용하면 큰돈 없이도 내 집 마련과 투자가 가능하다.

② 신혼집의 위치가 중요하다

- 신혼집의 위치에 따라 자산 격차가 몇 배로 벌어질 수 있으며, 여러 지역에서 살아보는 것이 중요하다.

- 매수 타이밍을 너무 맞추려 하지 말고 내가 집이 필요한 시기라면 소득 대비 감당할 수 있는 집을 매수하자.

③ 앞으로도 오르는 집을 고르자

- 전세가격에는 거품이 없으므로 전세가율이 높은 집을 고르자.

- 상승장에서는 통상적으로 비싼 아파트가 좋은 아파트다. 어떤 물건이 좋은지 잘 모르겠다면 예산 내에서 가급적 비싼 아파트를 사자.

- 학군이 좋은 지역은 수요가 많아 가격이 내려갈 여지가 적다.

- 개발계획을 참고해 상대적으로 저평가된 아파트를 찾자.

④ 여기저기 기웃거리지 말고 한 우물만 파라

- 대박을 바라면 쪽박 차게 된다. 위험한 투자에 절대로 전 재산을 걸지 말자.
- 부자들은 대부분 한 종목에 집중해서 부자가 되었다. 한 분야에 집중하고 파고들어 성공률을 높이자.

⑤ 본질을 알아야 투자에 성공한다

- 본인의 투자성향을 알아야 잘 맞는 투자 방법을 찾을 수 있다.
- 부자가 되려면 직접투자를 해야 한다. 주식이든 부동산이든 자신이 직접 운용하는 것이 가장 확실한 방법이다.
- 투자는 운이 작용하는 영역이므로 투자를 하더라도 본업을 확실히 지켜야 한다.

PART 5

진정한 부를
꿈꾸는 이들에게
하고 싶은
이야기

시세차익형 투자가
먼저다

재테크 공부를 하면서 처음에 가장 고민되었던 부분은 어떤 투자를 먼저 해야 하는가였다. 매월 현금흐름이 발생하는 배당주, 월세 받는 상가 등 현금흐름이 발생하는 자산에 먼저 투자해야 한다는 전문가들이 있는 반면 자산의 규모를 키우는 시세차익형 투자(capital gain)를 먼저 해야 한다고 하는 부자들도 있었다. 내가 내린 결론은 어떤 자산에 투자를 하더라도 시세차익이 없으면 부자가 되기 힘들다는 점이다.

미국 배당주에 투자를 하든, 월세 받는 상가에 투자를 하든 자산의 가격이 떨어지면 아무 의미가 없다. 즉 자산가격이 올라가지 않으면 절대 부자가 될 수 없다. 결국은 자산의 크기가 클수록 스스로 커지는 속도가 빨라지기 때문이다. 1억 원을 투자해서 매월 100만 원의 현금흐름이 생겼는데 5년 뒤에 1억 원을 투자한 자산의 가치가 8천만 원이 되었다면 아무 의미가 없다. 투자금을 매월 조금씩 나누어 받는 셈이 된다. 오늘이라도 정년퇴임을 해서 매월 현금흐름이 필요한 경우가 아니라면, 특히 사회초년생이라면 자기가 투자한 자산의 크기가 2배, 3배 커질 수 있는 자산을 고르는 것이 부자가 될 수 있는 방법이다. 나이가 젊을수록 노동소득이 끊길 염려가 적기 때문에 자산의 크기를 키우는 데 집중해야 한다.

'돈은 중력과 같다.'라는 말이 있다. 만유인력의 법칙에 따르면 중력은 질량에 비례하며, 무게가 무거울수록 더 큰 중력을 받게 된다. 돈도 중력과 같이 크기가 클수록 강력한 힘을 갖는다. 돈이 커지는 과정을 한번 알아보자. 1억 원에서 2억 원으로, 2억 원에서 4억 원으로, 4억 원에서 8억 원으로 각각의 돈이 커지는 데 드는 노력이 같다고 한다면 같은 노력으로 돈이 커지는 크기는 더 빨라진다. 같은 노력으로 처음에는 1억 원이 늘었고 다음에는 2억 원, 그다음에는 4억 원이 늘어났다. 돈의 크기가 1배, 2배, 3배, 4배, 5배로 늘어난 것이 아니라 1배, 2배, 4배, 8배, 16배, … 이렇게 늘어난 것이다. 자산의 크기를 키우는 것이 왜 먼저인지를 이해하면 좋겠다. 자산의 크기가 클수록 더욱 빠르게 큰 부자가 될 수 있다.

부자는 단기간에 만들어지지 않는다

누구나 빠르게 부자가 되기를 원한다. 하지만 대부분의 부자들은 시장에서 장기간 투자를 하면서 살아남은 사람들이다. 단기간에 부자가 되는 방법은 복권에 당첨되는 것밖에 없다. 투자는 운의 영역이 많은 부분을 차지하고 있고 미래를 예측하는 것은 사람의 영역이 아니라는 점은 앞서도 계속 이야기했다. 하지만 운과 노력의 영역을 벗어나 성공 확률을 높이는 방법이 있다.

시간에 투자하면 목표를 더 빨리 이룰 수 있다. 시간에 투자하라는 말이 생소할 수 있지만, 잘 생각해보면 아주 합리적인 사실이다. 먼저 단기적인 예측과 장기적인 예측의 차이점을 생각해보자. 어떤 예측이 맞힐 확률이 더 높을까? 예를 들어 내일 삼성전자의 주가가 올라갈지 내려갈지 예측할 수 있을까? 오를 확률 반, 내릴 확률 반 정도 된다고 하면 큰 이견은 없을 것 같다. 이번에는 삼성전자가 10년 뒤에 현재 주가보다 오를 것인지 내릴 것인지 예측해보자. 대부분의 사람들은 현재 가격보다는 오른다고 답할 것이다. 삼성전자의 과거 차트를 봤을 때 실제로 오를 확률이 내릴 확률보다 경험적으로 높다. 단기적인 예측은 하기가 힘들다. 하지만 중장기적인 예측은 어느 정도 가능하다.

과거 코스피지수(KOSPI)의 20년 치 그래프를 보면 장기적으로 우상향했다. 앞서도 투자는 확률을 높이는 게임이라고 이야기했다. 코스피지수가 장기적으로 상승한다는 것은 과거부터 현재까지의 사실에 기반하면 매우 높은 확률을 가지고 있는 것이다. 정확히 어느 시기에 오르고 내리는지는 콕 찍어서 말하기 어렵지만 장기적으로 오른다는 사실에는 큰 문제가 없어 보인다. 코스피지수가 지속적으로 하락할 것이라고 예상하는 사람은 앞으로 대한민국 금융시장이 퇴보하고 경제가 침체하리라 생각하는 사람일 것이다. 우리나라가 갈수록 후퇴한다고 생각하면 모든 자산을 파는 것이 합당하다. 하지만 적어도 지금보다는 발전한다고 생각하면, 좋은 자산의 가격은 장기적으로 보았을 때 우상향할 것이라 믿고 해당 자산을 구입해 보유하는 게 마땅하다.

최근 들어 미국 주식에 투자하는 사람들이 많아졌다. 이는 우리나라의 성장성보다 미국의 안정성과 성장에 베팅을 한 것이다. 미국 주식에 투자한 사람들은 10년 뒤에도 미국이 전 세계 1등 국가일 것이며 앞으로도 더욱 성장할 것이라고 예측한다. 지금까지의 내용이 장기투자와 단기투자의 근본적인 차이점에 대한 충분한 설명이 되었으면 좋겠다. 투자는 결국 조금 더 높은 확률을 선택하는 게임이다.

난세에
영웅이 난다

위기는 곧 기회다. 역사적으로 보았을 때 큰 부자들은 대공황같이 시장이 급락했을 때 만들어졌다. 난세에 영웅이 난다는 말이 있듯이 부자도 불황에 탄생한다. 금융시장에서 여러 번의 파동이 있었는데, 누구나 알고 있는 세 가지 위기를 언급해보면 IMF 외환위기, 미국발 금융위기, 코로나19 정도다.

1997년 IMF 외환위기 때는 주가가 폭락하고 부동산 가격도 하락했다. 원달러 환율도 1,900원까지 치솟았다. 이 당시 달러자산을 가지고 있었던 사람들은 가격이 현저하게 떨어진 자산을 저렴한 가격에 매수할 수 있었고, 외환위기를 극복한 이후에는 큰 부자가 되었다. 미국발 금융위기가 닥쳤을 때도 현금성 자산을 많이 가지고 있던 사람은 폭락한 주식이나 부동산을 매수해 큰 수익을 냈다. 코로나19 사태도 마찬가지다. 코로나 팬데믹의 영향으로 2020년 3월 코스피지수는 1,500선까지 떨어지며 반 토막이 났지만 2021년 6월에는 3,300선까지 회복하며 역사상 가장 높은 코스피지수를 보였다.

금융시장은 하락과 상승이라는 역사를 반복하는데 사람들은 막상 폭락기에는 무서워서 매수를 못 한다. 미국의 유명한 투자자 워런 버핏은 투자와 관련된 여러 명언을 남겼는데 특히 이 말이 기억에 남는다. "공포에 사고 환희에 팔아라." 사람들이 공포에 질려 있을 때는 매수할 타이밍이고 사람들이 환희할 때는 고점이라는 말이다. 머리로는 이해하지만 정작 행동을 하지 못한다. 이것이 초보자와 고수의 차이다.

최근 벼락거지 같은 신조어가 생기면서 주식과 부동산 자산가격 상승 랠리에 승차하지 못한 사람들은 상대적 박탈감을 많이 느끼고 있다. 이런 사람들에게 꼭 하고 싶은 말은 역사는 반복되고 분명히 이와 같은 기회가 또 올 것이라는 점이다. 그 기회가 왔을 때 또 공포에 질려 있기만 할 것인가? 철저한 공부와 연습으로 기회를 잡을 것인가? 위기에 베팅할 수 있는 역량을 키워서 큰 자본소득 차익을 거두길 응원한다. 진짜 큰 부자는 바로 이 시기에 만들어진다는 점을 기억하자.

월급은 적지만 부자는 되고 싶어

소득 절벽을
경험하다

행복했던 우리 가족에게 불행이 닥쳤다. 아내에게 갑작스럽게 병이 생겨 나는 육아휴직을 쓰게 되었고 아내는 병가를 써야 했다. 대기업 맞벌이 부부로 월평균 600만~700만 원을 벌던 우리 가족은 월 150만 원으로 소득이 줄어들었다. 소득이 줄어드니 아찔했다. '만약에 계속 이렇게 소득이 없어지면 어떻게 하지?' 하는 생각이 들어 초조해졌다. 노동소득의 한계를 이때 느꼈던 것 같다.

내가 아무리 돈을 많이 벌어도 일하지 않으면 소득이 없어지고 만다. 단순히 자산을 불리는 것만으로는 부자가 되지 않는다는 점을 알게 되었다. 일을 하지 않아도 소득이 생기는 사람이 진정한 부자다.

공부하고 투자해서 집값이 5억 원이 올라도 그 집을 팔기 전에는 평가 이익일 뿐이다. 게다가 그 집을 팔고 상대적으로 저렴한 곳으로 이사를 가야만 오른 집값을 손에 쥐게 되지만 그것도 쉽지 않다. 사람은 위로 올라가는 것은 괜찮아도 밑으로 내려가기는 어렵기 때문이다. 내가 가진 자산의 가격이 상승해도 매월 현금흐름이 발생하지 않으면 불안해지고 삶이 여유롭지 않을 수 있다. 진짜 부자가 되는 핵심은 자동화소득이다.

안정적인 현금흐름을 확보하자

최근에 내가 가진 자산의 가치가 많이 올라가 돈을 번 것 같아서 기분이 좋았다. 그런데 생각보다 내 생활은 크게 나아지지 않았다. 그 이유를 생각해보니 노동을 하지 않아도 안정적인 현금흐름이 나오는 자산을 가지고 있지 않아서였다. 매월 천만 원 정도의 현금흐름이 들어온다면 삶이 꽤 여유로워지지 않을까 생각해

월급은 적지만 부자는 되고 싶어

본다. 실제로 부자들은 안정적인 현금흐름이 나오는 자산을 보유하고 있다. 안정적인 현금흐름이 나오는 자산으로는 배당주, 연금펀드, 오피스텔, 지식산업센터, 상가, 꼬마빌딩, 빌딩 등이 있다. 이렇게 월세, 배당, 연금 같은 형태가 일하지 않아도 돈이 들어오는 자동화소득이다.

진짜 부자는 자동화소득을 확보한 사람이라는 것은 변하지 않는 진리다. 노동소득으로 큰돈을 벌고 있는 전문직 종사자라고 할지라도 일하지 않을 때 소득이 생기지 않으면 부자가 아니다. 〈닥터 스트레인지〉라는 영화가 있다. 개인적으로 마블 영화 중에서 가장 재미있게 본 영화다. 천재 외과의사가 불의의 사고로 인해 손을 쓸 수 없게 되어 절망에 빠져 있다가 '에인션트 원'을 만나 세상을 구원할 초능력을 가진다는 이야기다.

영화 초반에 보면 닥터 스트레인지가 슈퍼카를 타고 호화로운 집에 사는 모습이 나온다. 만약에 에인션트 원을 만나지 못하고 손을 못 쓰는 외과의사로 남겨졌다면 과연 닥터 스트레인지는 부자가 될 수 있었을까? 극단적인 비유일 수는 있으나 아무리 유명한 의사라고 해도 오롯이 노동만으로 수입을 얻는다면, 적어도 내 기준에서는 부자가 아니다. 진짜 부자는 의료재단을 만들고 여러 병원을 운영하는 병원 경영자들이다.

'조물주 위에 건물주'라는 말도 이와 같은 맥락이다. 주식시장이 뜨거운 요즘은 '건물주' 위에 '주주'라는 말까지도 나온다. 부자가 되기 위한 궁극적인 목표는 고정적인 현금흐름을 만드는 것이다. 현금흐름은 경제생활에 혈액과 같은 역할을 한다. 매월 나오는 고정소득은 사람을 심리적으로 안정시키는 효과가 있다고 한다. 공무원이 인기 있는 이유도 바로 죽을 때까지 받을 수 있는 공무원 연금 때문이다. 연금이라는 안정적인 수입을 통해 노후가 보장된다.

50만 원이라도 노동 외 자동화소득을 꼭 만들어보자. 처음이 어렵지 두 번, 세 번은 쉽다. 목표를 가지고 꾸준히 현금흐름을 발생하는 자산을 모아나가면 어느새 나도 모르게 경제적 자유가 이루어져 있을 것이다.

불로소득이 나쁜 것인가?

패시브 인컴(passive income)이란, 직역하면 수동적 소득으로, 노동 없이 얻는 소득, 즉 앞서 말한 자동화소득을 말한다. 다른 말로 흔히 불로소득이라고 한다. 간혹 어떤 사람들은 노동을 통해 피땀 흘려 버는 돈은 신성하고 불로소득은 바람직하지 않다고 말한다. 불로소득으로 쌓은 돈은 모래성과 같이 쉽게 허물어진다고 비하한다. 속으로는 불로소득을 얻는 사람을 부러워하면서 뒤에서는 투기꾼이라고 험담한다. 일하지 않고 얻는 소득에 부정적인 시각을 가진 사람이 아직은 더 많은 듯하다. 이들은 대부분 부자가 아닌 빈자다. 진짜 부자들은 어떻게 하면 불로소득을 얻을 수 있을지 오늘도 고민하고 연구하고 행동하고 있다.

앞서 이야기한 부의 방정식에서 "일해서 버는 노동소득보다 일하지 않고 얻는 자본소득이 크면 된다."라고 언급했다. 그렇다면 어떻게 불로소득을 얻을 수 있을까? 부자들은 어떤 자산을 가지고 있기에 불로소득을 얻는 것일까? 『부자 아빠 가난한 아빠』의 저자 로버트 기요사키는 불로소득을 가져다주는 진정한 자산 일곱 가지를 알려준다.

① 내가 없어도 되는 사업(소유자는 '나'지만 관리나 운영은 다른 사람들이 하고 있는 사업을 말한다. 내가 직접 일을 한다면 그것은 사업이 아니라 직업이다.)

② 주식

③ 수입을 창출하는 부동산

④ 채권

⑤ 음악이나 원고, 특허 등 지적 자산에서 비롯되는 로열티

⑥ 어음이나 차용증

⑦ 그 외에 가치를 지니고 있거나 소득을 창출하거나 시장성을 지닌 것

불로소득을 안정적으로 얻기 위해선 이 7개 자산을 많이 소유하는 것이 유리하다. 불로소득은 나쁜 소득이 아니고 우리가 진정으로 추구해야 할 목표다. 혼자 일하는 사람은 7명과 함께 일하는 사람을 절대 넘어설 수 없다. 이것이 부자와 빈자의 차이다. 이 7개 자산 중 하나를 가진다는 것은 나를 대신해 일할 수 있는 사람이 1명 더 늘어났다는 의미다. 시간이 지날수록 혼자 일하는 사람과 여럿이 일하는 사람과의 격차는 더 벌어진다. 혼자 일할 것인가, 함께 일할 것인가?

자녀가 있다면
육아휴직 활용하기

한국의 기업문화가 많이 변화했다고 해도 육아휴직을 사용하는 것에 대한 상사들의 불편한 시선은 어쩔 수 없는 것 같다. 육아휴직을 쓰기 위해 승인을 받을 때도 몇 번씩이나 휴직기간을 조절하면서 겨우 승인을 받았던 기억이 있다. 그래도 육아휴직기간에 많은 것을 배웠다. 소득 절벽을 경험해서 투자에 대해 더욱더 공부하는 계기가 되었고 회사를 안 가도 되니 생각보다 시간적 여유가 있어서 정말 좋았다. 등·하원할 때 아빠와 함께하니 아이들의 표정도 밝아지고 가족과 함께할 수 있는 시간이 많은 것도 좋았다. '돈 때문만 아니면 굳이 회사를 다녀야 하나.' 하는 생각이 절실하게 든 때도 이 시기였다. 돈이 많으면 가족과 이렇게 여유롭게 지낼 수 있지 않을까 하고 말이다.

나 같은 경우에는 준비가 되어 있지 않아 4개월 정도의 휴직을 끝으로 회사에 복직할 수밖에 없었다. 당장 나가는 지출은 많은데 수입이 제한적이니 생활이 힘들어졌다. 하지만 육아휴직기간을 잘 활용하면 생각보다 많은 일을 할 수 있다는 생각이 들었다. 투자 공부를 더 할 수도 있고, 사업 또는 창업의 준비기간으로 삼을 수도 있다. 혹시나 투자나 사업이 실패하면 직장으로 다시 돌아가 재기를 노릴 수 있는 안전한 쿠션이 되기도 한다. 그래서 이제 두 번째 육아휴직을 준비 중이다.

물론 육아휴직을 활용하기 전에 안정적인 현금흐름을 필수적으로 만들어야 한다. 자동화소득 없이는 휴직기간을 적절히 활용하지 못한다. 여성의 경우 남자보다는 육아휴직을 쓰기가 좀 더 자유롭고 남편의 소득이 높은 경우가 조금 더 많은 편이다. 그러니 남편은 열심히 회사에 다니면서 노동소득을 확보하고 아내는 휴직기간 동안 투자 또는 창업에 도전해보는 것도 좋다.

직장생활을 하면서 준비하면 좋겠지만 너무 무리하면 건강을 해칠 수도 있고, 아이와 함께 보내는 시간이 너무 없어지면 아이

월급은 적지만 부자는 되고 싶어

들의 정서 관리에도 어려움이 생길 수 있다. 항상 어떤 선택을 할 때는 궁극적인 목표를 생각해야 한다. 돈은 목표가 아닌 수단이다. 돈은 나와 내 가족을 행복하게 만들어주고 시간적 자유를 가져다줄 수단이다. 수단과 목적이 바뀌는 선택을 하는 경우가 있는데, 항상 추구하는 궁극적인 목표가 무엇인지를 선택의 순간에 고민해보자.

육아휴직은 법 규정에 의거해 정부에서 보장하는 제도이니 눈치 보지 말고 적절히 활용하자. 육아휴직을 통해 부자들이 느끼는 시간적 자유를 느껴보자. 육아휴직 냈다고 나를 회사에서 내보내려고 하면 실패하지 않기 위해 더더욱 노력하면 된다. 과거보다 육아휴직 급여가 높아져서 최저 생계비로 활용할 정도는 된다.

육아휴직 급여의 특례 제도로 '아빠 육아휴직 보너스제'라는 것이 있다. 한 자녀에 대해 부모 모두가 육아휴직을 쓴 경우에 한 해 3개월간 250만 원을 지급해준다. 이 제도를 모르는 사람이 많은데 아빠들도 이 제도를 적극 활용해보자. 제도의 명칭은 '아빠 육아휴직 보너스제'이지만 엄마가 사용해도 혜택을 받을 수 있다. 보통은 출산 후에 엄마들이 육아휴직을 먼저 쓰다 보니 이런 명칭으로 불리게 된 것이다. 이러한 휴직급여도 결국 내가 낸 세금으로 주는 것이니 제도를 적절하게 활용해 육아와 투자에 모두 성공해보자.

조기 은퇴의
진정한 의미

'파이어족'이라는 말을 들어본 적이 있을 것이다. Financial Independence Retire Early의 앞 글자를 따서 'FIRE족'이라는 명칭이 생겨났다. 이름 그대로 '재정적으로 독립한 조기 은퇴자' 를 의미한다. 30대 말이나 늦어도 40대 초반까지 조기 은퇴를 하겠다는 목표를 가지고 회사생활을 하는 이들을 지칭하는 신조어다. 이들은 소비는 극단적으로 줄이고 투자비용은 최대한 늘려서 경제적 자유를 이루는 것을 지향한다. 모든 직장인의 꿈은 조기 은퇴를 해서 시간적 여유를 즐기는 파이어족 같은 삶일 것이다. 같은 팀에서 일하는 선후배들이 입버릇처럼 하는 말이 "딱 한 달만 일 안 하고 쉬고 싶다.""일주일만이라도 쉬고 싶어."다. 나 또한 육아휴직기간 동안 만족도가 매우 높았다. 자연스럽게 조기 은퇴를 하면 좋겠다는 생각도 들었다. 경제적 자유를 달성하면 은퇴를 하고 여생을 즐기며 살고 싶다고 생각한 적도 있다.

그런데 진짜 부자들은 왜 돈이 많은데도 힘들게 일을 할까? 그룹의 오너들은 왜 그렇게 경영권에 집착할까? 일선에서 물러나 주식 배당금을 받으면서 평생 즐기며 살아도 행복할 텐데 말이다. 실제로 부를 이룬 사람들은 경제적으로 여유로워도 여전히 성실하게 일하고 다양한 활동을 한다. 잠깐의 여유가 생겨 해외에서 몇 달간 살다가 오는 경우는 있어도 여생을 그저 휴양만 하면서 살지는 않는다. 경험해보지는 못했지만 진짜 부자들이 우리 주변에서 아직도 일하는 것을 보면 이러한 주장의 방증이 된다.

단순히 일하기 싫어서, 쉬고 싶어서 하는 퇴직은 의미 없는 퇴직이다. 퇴직 이후의 삶이 현재의 삶보다 훨씬 더 가치 있다고 판단될 때 조기 은퇴에 도전해야 한다. 퇴직의 기준은 단순히 돈만 가지고 판단하면 안 된다. 자기가 진정으로 좋아하는 일, 하고 싶은 일을 찾아서 도전하고 싶을 때가 적절한 은퇴 시기 아닐까? 나도 퇴직 이후에는 1인 기업가로 성장해보고 싶다는 꿈이 있다. 내가 가진 노하우를 전파하는 지식기업가 말이다.

대학교 때 처음으로 아이들을 가르치는 봉사활동을 한 적이 있다. 그중에 한 제자가 "선생님은 참 열정적으로 가르쳐주시네요."라고 한 말이 아직도 가슴속에 남아 있다. 그때는 정말 열심히 했고 재미도 있었다. 한때는 취업을 하지 말고 강사 일을 해볼까도 생각했다. 결국은 좋아하는 일보다는 경제적으로 조금 더 여유로운 삶을 위해 대기업에 입사하는 선택으로 현실과 타협하게 되었다. 하지만 내 꿈을 이루기 위해 지금도 책을 읽고 강의를 들으며 내공을 키우고 있다. 언젠가 다가올 조기 은퇴를 준비하는 차원에서 말이다.

그렇다고 회사생활에 절대로 소홀하지는 않는다. 이는 나에게 월급을 주는 회사에 대한 예의다. 직원으로 일도 제대로 못하면서 어떻게 내 사업을 잘할 수 있을까? 경제적으로 독립해 자신이 하고 싶은 일을 하는 사람이야말로 진정한 의미의 파이어족이라 생각한다. 정년 60세까지 일할 생각하지 말고 조기 은퇴 한번 해보자.

아빠 육아휴직 보너스제

엄마가 육아휴직을 사용한 후 같은 자녀에 대해 아빠가 육아휴직을 사용하면(엄마, 아빠의 순서 상관없음) 아빠의 첫 3개월 육아휴직 급여는 통상임금의 100%(상한액 250만 원)를 지원하는 제도다. 다만 같은 자녀를 대상으로 부부가 동시에 육아휴직을 하는 경우 겹치는 기간은 보너스제를 적용하지 않는다는 점을 주의해야 한다.

기간(최대 1년)	1차 사용(주로 엄마)		2차 사용(주로 아빠)	
	첫 3개월	나머지 9개월	첫 3개월	나머지 9개월
지원금	통상임금의 80% (상한 150만 원)	통상임금의 50% (상한 120만 원)	통상임금의 100% (상한 250만 원)	통상임금의 50% (상한 120만 원)

※ 생후 12개월 이상의 자녀 육아 휴직자를 대상으로 하며 22.12.31까지 운영
※ 22.01.01부터 나머지 9개월(1차 사용, 일반육아휴직) 소득대체율이 80%(상한 150만 원)로 변경
※ 22.01.01부터 아빠 육아휴직 보너스제와 일반육아휴직(상한 150만 원, 1~12개월) 중 유리한 제도 선택 가능

건강을 잃으면
전부를 잃는 것이다

살면서 가장
아찔했던 경험

혹시 가족이 아파본 경험이 있는가? 생각만 해도 아찔한 일이
지만 우리 가족에게 그런 불행이 갑자기 닥쳤다. 내 집 마련도 하
고 안정적으로 두 아이를 키우던 우리 가족에게 불행은 한순간에
다가왔다. 평소에 아내가 어깨 쪽이 아프다고 해서 동네 정형외과,
통증의학과에 가서 치료를 받았다. 차도가 없어서 한의원에서 추
나, 침, 뜸 등 받을 수 있는 치료를 다 받아보았지만 소용없었다.

월급은 적지만 부자는 되고 싶어

갈수록 통증이 심해지고 어깨 쪽이 부어오르기 시작했다.

동네 병원 의사에게 큰 병원에 가서 검사를 받아봐야 하지 않겠냐고 하니 본인 진료만 잘 받으면 된다며 통증을 줄여주는 진통제 주사만 계속 처방해주었다. 아무래도 이대로 있으면 안 될 것 같아 대학병원에 갔다. 담당 교수는 환부를 손으로 만져보더니 살짝 상기된 표정으로 어떤 말도 없이 빠르게 검사를 해보자며 엑스레이, 본 스캐닝, MRI 등 검사를 했다. 갑자기 불안감이 엄습했다.

'별일 아니겠지.' 하며 갔던 대학병원에서 교수의 상기된 표정을 보며 우리는 서로 불안해했다. MRI 촬영이 이렇게 힘든 것인지 처음 알게 되었다. 예약이 한 달 이상 밀려 있어서 입원까지 해가며 겨우 검사한 결과가 나왔다. 대학병원 담당 교수가 보호자를 찾는다는 말에 회사에서 일하고 있다가 한걸음에 달려갔다. 교수가 하는 말이 자신의 소견으로는 악성종양이 의심된다고 했다. "네?" 하고 다시 물어보자 악성종양, 즉 암일 수도 있다고 답했다. 사이즈가 너무 커서 이 병원에서는 치료가 힘드니 서울 대형 암센터가 있는 병원으로 가야 할 것 같다고 했다. 아내는 이제 34살인데 이게 무슨 소리인지⋯. 하늘이 무너지는 듯했다.

서울대학교병원부터 시작해 서울에서 이쪽 분야에 유명한 교수가 있는 병원에 모두 예약을 하고 아내와 함께 병원을 돌아다녔다. 조직검사를 실시하고 피 말리는 일주일이 지나갔다. 우리나라에서 최고라고 하는 서울대학교병원 교수는 왜 이제야 왔냐며, 만약에 조직검사 결과 정말 암이면 치료가 힘들 것이라고 포기하라는 식으로 이야기했다.

이 시기가 살면서 가장 힘든 때였다. 조직검사 결과는 악성과 양성 사이에 있는 경계성 종양이라고 했다. 다행히 암은 아니지만 치료하기가 힘들고 완치가 어려운 병이라고 했다. 다행히 현재는 두 번에 걸친 수술을 잘 마쳤고 재발이 되지 않도록 건강 관리에 만전을 기하고 있다.

혹시나 내가 사랑하는 가족이 오늘은 함께였는데 내일은 곁에 없다면 어떨까? 상상도 하기 싫을 것이다. 경제적 자유를 얻기 위해서는 많은 시간과 노력이 필요하다. 하지만 일주일에 한 번, 최소 한 달에 한 번은 가족들과 즐거운 시간을 보내자. 그리고 꾸준히 운동하고 몸에 좋은 음식을 먹으며 건강 관리를 잘하자. 젊다고 건강을 소홀히 하면 안 된다. 건강을 잃으면 모든 것이 멈춘다. 가족 중에 아픈 사람이 생기면 그 고통과 스트레스는 이루 말할 수가 없다.

건강한 몸에
좋은 정신이 깃든다

나는 운동을 별로 좋아하지 않았다. '나이도 아직 젊은데 무슨 병이라도 걸리겠어. 나는 건강한 사람이야.'라며 자만했다. 하지만 아내의 수술 이후로는 그런 태도가 바뀌었다. 예전에는 회사에서 퇴근하면 야식을 시켜 먹고 술을 먹는 것이 일상이었다. 이제는 술 먹는 날을 정해서 먹고, 마시는 양도 통제하고 있다. 야식을 많이 먹으니 살도 계속 찌고 항상 소화가 안 되고 더부룩했었다. 그런데 운동을 시작하면서부터는 몸이 훨씬 가벼워졌다.

집중을 하는 데도 운동이 도움이 되었다. 책을 읽을 때도, 공부를 할 때도, 회사에서 일을 할 때도 오히려 운동을 하기 전보다 능률이 높아졌다. 이러한 변화는 과학적으로도 근거가 있다. 연구 결과에 따르면, 운동을 하면 뇌로 가는 혈액의 양이 15%까지 증가한다고 한다. 혈액을 통해 산소가 뇌에 더 원활하게 공급되면 뇌가 활성화되는 효과가 있다. 또한 미국스포츠의학회에 따르면 운동은 단순히 심폐능력이나 신체적인 능력을 향상시키는 것 이외에도 자존감과 대인관계 회복, 스트레스 대처능력 증진 등 전반적인 삶의 질과 기능 수준에 긍정적인 효과를 가져온다고 한다.

운동을 할 때는 지구성 운동(유산소 운동)과 저항성 운동(웨이트 트레이닝)을 적절히 배분해야 효과가 극대화된다. 사람들이 많이 모이는 피트니스 센터에 가기 힘들다면 홈트레이닝 기구를 적극 활용해보자. 집에서도 충분히 운동을 할 수 있다. 나 같은 경우에는 일주일에 6일은 빠른 걷기를 하고 3일은 웨이트 트레이닝을 한다. 체력은 인체가 현재 능력을 넘어서는 자극인 임계치를 넘을 때 향상된다. 운동을 시작하기로 마음먹었다면 어설프게 하지 말고 제대로 한번 해보자.

건강을 지키는 것이 곧 돈 버는 일이다. 컨디션이 좋지 않으면 한 가지 일에 모든 힘을 쏟아부을 수 없다. 부동산 투자를 위해 임장을 갈 때도, 주식 투자를 위해 기업분석을 할 때도 집중을 하지 못한다. 돈보다 건강이 먼저라는 절대적인 명제는 누구나 알고 있지만 젊은 사람일수록 실천은 하지 못한다. 나도 마찬가지였다. 오늘부터 당장 운동을 시작해서 건강한 신체를 갖고 맑은 정신이 스미게 해보자. 모든 영역에서 더 뛰어난 결과가 나올 것이라고 확신한다.

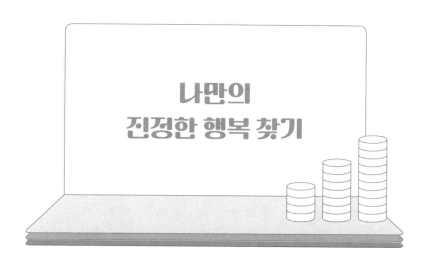

온 가족이 함께한
제주 한 달 살기

육아휴직을 쓰게 되었을 때 온 가족이 함께 제주도에서 한 달 살기를 했던 적이 있다. 아내의 수술 이후 요양도 할 겸 '아이들과 함께 도심이 아닌 자연에서 지내보면 어떨까?' 하는 생각으로 시작하게 되었는데 결과는 대만족이었다. 맞벌이를 하느라 아침 일찍 어린이집에 아이들을 맡기고 저녁 늦게 데리고 오면 특히 둘째 아이가 항상 불만에 가득 찬 찡그린 표정을 짓고 있었다. 평소에 투정도 자주 부리고 짜증도 잘 내던 아이였다. 그런데 제주도에서 한 달 동안 지내다 보니 아이의 얼굴이 정말 거짓말같이 밝아지고 성격도 쾌활해졌다. 두 아이 모두 온종일 어린이집에 있는 것이 스트레스였는데 엄마, 아빠와 함께 공기 좋은 곳에서 신나게 뛰어 놀며 지내다 보니 어느새 세상에서 가장 행복한 아이들로 변해 있었다. 돈을 많이 벌어야 한다는 생각에 사로잡혀 아이들이 힘들어하는 것을 간과했었는데, 우리가 왜 돈을 벌어야 하는지 근본적인 물음에 대해 생각해볼 수 있는 기회가 되었다. 지금은 두 번째 제주 살기, 괌 두 달 살기, 호주 1년 살기 등을 계획하고 있다. 회사가 인생의 전부인 양 살았을 때는 절대로 상상도 하지 못했을 일이다.

한 달 살기의 경험을 통해 진정한 행복은 가족과 함께할 때 얻을 수 있다는 점, 시간의 자유야말로 내가 추구했던 삶이었음을 깨닫게 되었다. 다만 경제적인 문제가 해결되지 않으면 완전한 시간의 자유를 이루기는 쉽지 않다. 아내가 아팠던 경험과 제주도에서 아이들과 함께하면서 행복했던 경험은 앞으로의 인생을 어떻게 살아야 할지 큰 그림을 그리는 계기가 되었다. 우리가 찾는 진짜 행복은 멀리 있지 않다. 내 옆에 있는 가족, 이게 우리 삶의 목표가 아닐까? 더 나아가서는 내 가족뿐만이 아니라 주변 사람들을 챙기고 소외받는 사람들을 도울 수 있는 삶이 진정한 멋진 삶이 아닐까 싶다.

월급은 적지만 부자는 되고 싶어

돈의 노예가
되지 말자

신혼 시절 8천만 원을 가지고 전셋집을 구하러 두 달 이상을 돌아다녔던 기억이 있다. 평일에는 회사에 출근하니 토요일이면 아침부터 전셋집을 보러 다녔다. 그 당시에 심각한 전세난이 와서 전세금은 치솟고 전세매물도 없는 시기였다. 구축 아파트부터 빌라까지 최소 20곳 이상의 집을 본 것 같다. 전세금이 폭등하다 보니 역세권에 깔끔한 새집은 구할 수가 없었다. 결국은 부천에 있는 소형 복도식 구축 아파트 17평짜리 전셋집에서 신혼살림을 시작하게 되었다.

그때만 해도 우리 부부는 '언제쯤이면 30평짜리 새 아파트에서 살아볼까?' 하는 생각을 했다. 그 당시 신축 아파트 가격이 4억 원 정도 했던 것으로 기억한다. 대출을 많이 받으면 큰일이 나는 줄 알던 시기라 집을 구매할 엄두가 나지 않았다. 새 아파트를 구매하려면 맞벌이로 1년에 3천만 원씩 모아도 약 13년이 걸린다. 그런데 중간에 아이가 출산하고 외벌이가 될 경우를 고려하면 최소 15년 이상은 걸릴 듯했다. 이렇게 모아서 어떻게 집을 살 수 있을까 막막했다.

그래도 부동산에 꾸준히 관심을 가지고 공부했다. 상대적으로 저평가되어 있어 경쟁이 치열하지 않고 입지가 좋은 곳에 청약을 한 덕에 결혼 후 1년 만에 분양권이 당첨되었고, 3년 만에 30평대 신축 아파트에 입주할 수 있었다. 현재 분양가격 대비 2배 이상의 시세를 형성하고 있으니 8천만 원을 들고 전셋집이 없어 빌라를 돌아다닐 때와 비교하면 완전히 인생 역전이 된 격이다. 신혼 때는 30평의 새 아파트를 가지는 것이 목표였는데 30평짜리 새 아파트에 입주해서 살다 보니 집이 작은 것 같고 더 큰 집이 눈에 들어온다.

지금은 40평대 집으로 이사할 준비를 하고 있다. 신혼 시절 아내와 술 한잔하면서 순자산이 딱 10억 원 정도만 되어도 좋겠다고 했던 기억이 난다. 그 이후 목표를 순자산 10억 원으로 정하고 달성하기 위해 부단히 노력했다. 현재는 순자산 10억 원을 초과 달성했는데, 지금은 과연 만족하고 있는지 물어본다면 당연히 만족한다. 하지만 현재 목표는 50억 원의 순자산을 달성하는 것이다. 이렇게 사람의 욕심은 끝이 없다. 과연 순자산 50억 원을 달성하면 만족할 수 있을까? 아마 만족하지 못할 것이다.

100억 원을 달성하면 그다음엔 500억, 1천억⋯ 끝이 없을 것이다. 그래서 나의 비전보드에는 순자산 50억 원 달성(금융자산 20억 원, 부동산 자산 30억 원)과 함께 목표 달성 후에는 더 이상 돈 욕심을 부리지 말자고 적혀 있다. 사람의 욕심은 끝이 없다. 결국은 내가 어느 정도 수준에서 만족할 것인지가 더 중요하다. 통제력을 키워 돈의 노예가 아닌 돈의 주인이 되어보자. 다시 한번 강

월급은 적지만 부자는 되고 싶어

조하지만 돈은 우리의 행복한 삶을 도와줄 보조도구이지, 돈 자체가 삶의 목적이 아니다. 돈을 단순히 많이 모으고 불리는 데만 매몰되어 자신의 삶을 잃어버리지 말자.

부자 되기
로드맵

① 나의 현재 상태를 파악한다. 재무상태표와 현금흐름표를 만들어 자산 현황을 파악하고 지출과 수입을 관리해 매월 고정적인 여윳돈을 만들어 종잣돈을 최대한 빨리 모은다.

② 현재 수입이 적다면 부업(스마트스토어, 블로그, 인스타그램 등)을 통해 매월 받는 수입을 극대화하도록 노력한다. 퇴근 이후에 스마트폰 게임이나 넷플릭스 시청 시간을 줄이면 충분히 최소 월 100만 원 이상의 부수입을 만들 수 있다.

③ 매월 고정소득이 높거나 종잣돈이 모여 있다면, 다양한 재테크 도서(81쪽 추천 도서 참조)를 읽어보자. 자기계발과 투자일반 분야의 책은 어떤 분야에 투자하든 읽어보면 도움이 된다. 처음 책을 읽을 때는 최대한 다양한 분야를 단기간에 읽는 것이 중

요하다. 책 한 권을 한 달 동안 읽고 있으면 안 된다. 고3 수험생처럼 독하게 마음먹고 책들을 독파해나가야 한다. 최소 50권 정도를 일차적으로 읽어보자.

④ 책을 읽다 보면 자신이 관심 있는 투자 분야가 생긴다. 그럼 이제부터는 부동산이든 주식이든 한 분야를 집중적으로 공부해야 한다. 만약 투자 분야로 부동산을 선택했다면 부동산 투자 책 50권을 추가로 읽자. 이때도 최대한 단기간에 읽는 것이 필수다. 최소 6개월 안에는 읽어야 한다.

⑤ 책을 읽다 보면 저자처럼 되고 싶다거나 정말 마음에 드는 투자법을 소개한 책이 있을 것이다. 그 저자를 멘토로 삼고 그 사람의 생각과 행동을 이해하고 따라 해야 한다. 유명한 책의 저자들은 보통 블로그를 운영하고 있거나 유료 강의를 할 것이다. 저자가 작성한 블로그 글을 처음부터 끝까지 모두 읽어본다. 그러면 저자의 생각과 행동을 이해하는 데 큰 도움이 된다. 그 이후에 유료 강의를 들으면서 저자의 진짜 노하우를 배워야 한다. 책이나 온라인에서 가르쳐주기 힘든 핵심 노하우나 비법을 강의에서는 최대한 제공해준다. 2만 원짜리 책, 누구나 볼 수 있는 블로그에 자신의 핵심 노하우를 전부 공개해주는 전문가는 없다. 강의료가 아깝다고 생각하지 말고 투자하자.

⑥ 책도 읽고 강의도 들었다면 온라인 채널에서 같은 목표를 가진 스터디원을 모집하거나 스터디그룹에 들어가자. 스터디그룹에서 함께 공부하면서 실제 투자를 실천해보자. 혼자 투자하고 혼자 공부하면 금방 지치지만 스터디원들과 함께하면 하기 싫어도 강제적으로 하게 되는 효과가 있다.

⑦ 마지막으로 투자의 성과와 실패를 복기하고 기록하자. 실전 투자 사례를 SNS에 기록해 공유하면 그 자체가 하나의 투자 스토리가 된다. 이제부터는 단순 투자자가 아닌 생산자로 업그레이드된다.

이 단계까지 왔다면 어느 정도 시장이 돌아가는 흐름이 보일 것이다. 전문가들이 말하는 정해진 모범답안만 쫓아가면 큰 성공을 이룰 수 없다. 자신만의 확고한 기준과 투자 철학을 정립하는 단계가 마지막 단계다. 이후에는 미래에 대한 확신이 생겼을 것이고 행복한 미래를 꿈꾸게 될 것이다.

월급은 적지만 부자는 되고 싶어

"오늘 누군가가 그늘에 앉아 쉴 수 있는 이유는
오래전에 누군가가 나무를 심었기 때문이다."

_ 워런 버핏

① 자산의 크기를 키우려면 시세차익형 투자가 먼저다

- 자산이 클수록 스스로 커지는 속도가 빨라지므로 처음에는 시세차익형 투자에 집중하는 것이 좋다.
- 진짜 부자는 시간에 투자하며, 위기에 부자가 만들어진다.

② 노동소득을 자동화소득으로 바꿔라

- 일하지 않아도 안정적인 현금흐름이 생기는 자산을 조금이라도 만들어보자.
- 진짜 부자는 어떻게 불로소득을 얻을 수 있을지, 어떻게 돈이 돈을 벌게 할지를 고민한다.

③ 경제적 자유란 시간적 자유를 얻는 것이다

- 자녀가 있다면 육아휴직 제도를 최대한 활용해 시간적 자유를 얻자.
- 진짜 부자는 돈이 많아도 성실하게 일한다. 조기 은퇴의 진정한 의미는 자기가 좋아하는 일을 하는 것이다.

④ 건강을 잃으면 전부를 잃는 것이다

- 건강을 지키는 것이 곧 돈 버는 길이다. 당장 운동을 시작해 건강한 몸에 맑은 정신이 깃들게 하자.

⑤ 자기만의 진정한 행복을 찾아라

- 돈은 우리의 행복한 삶을 도와주는 보조도구이지 돈 자체가 삶의 목적이 아니다.
- 돈을 단순히 많이 모으고 불리는 데만 매몰되어 자신의 삶을 잃어버리지 말자.

행운의 여신은
행동하는 사람에게만 온다

사람은 본능적으로 변화를 회피하는 동물이라고 한다. 변화를 시도하면 안정에서 불안정 상태가 되기 때문에 변화를 싫어한다. 습관을 변화시키기 어려운 이유가 여기에 있다. 이런 이유로 새로운 목표를 세우고 계획을 수립해도 실천하지 못하고 실패를 반복한다. 본능을 이겨내고 자신을 변화시키려면 어떻게 해야 할까? 어떤 목표를 이루겠다고 계획을 세웠다면 작은 실천 항목을 수립해보자. 너무 어렵지 않은 내용으로 짜는 것이 성공하는 데 도움이 된다. 작은 성공의 기쁨을 느껴야 앞으로 나아갈 수 있는 원동력이 생긴다. 작은 성공 경험들이 모여 큰 성공을 이루고 결국엔 목표에 도달할 수 있을 것이다. 꼭 명심해야 할 것은 실천 항목을 미루면 안 된다는 점이다.

"오늘은 회사 일이 너무 힘들었으니까 내일 하자." "오늘은 친구와 중요한 약속이 있어." 이런 핑계는 대지 말고 딱 1년만 고생하자. 퇴근하고 와서 인터넷 강의를 듣다 보면 나도 모르게 꾸벅꾸벅 졸았다. 그러면 찬물로 세수하고 와서 다시 강의를 듣고 책을 읽었다. 고3 시절을 떠올려보자. 하루 종일 공부하고 몸과 마음을 오로지 수학능력시험을 보는 데만 활용했다. 수험생처럼 딱 1년만 해보면 삶이 바뀌는 것을 느낄 수 있다. 당장 성과가 나오지 않아도 좋다. 1년간 실천해보면 체질이 완전히 바뀌고 무엇인가를 하지 않으면 뭔가 허전해진다. 성공하는 습관이 몸에 배면 성과는 자연스럽게 따라온다.

계획하고 실천하는 사람에게만 행운의 여신이 찾아온다. 어떠한 노력도 없이 행운을 바란다면 차라리 아무것도 하지 말고 복권을 사라. 오히려 그것이 확률이 더 높은 게임이다. 나 같은 경우에는 자산의 상승과 하락이 반복되는 사이클에서 운 좋게 상승장에 잘 올라타 성과를 낼 수 있었다. 그러나 한 가지는 확실히 말할 수 있다. 내 주변에 나와 비슷한 시기에 결혼한 친구들을 보면 시작은 비슷했지만 현재 자산의 차이는 많이 벌어져 있다. 단순히 상승장에 잘 올라탄 것만이 이유는 아니다. 행동하고 노력했기에 그 상승장의 행운도 잡을 수 있었던 것이다.

내가 경험했던 것과 공부하고 배운 것들을 정리해 재테크 초보자들에게 조금이나마 도움이 되었으면 하는 심정으로 이 책을 썼다. 나도 결혼하고 초반에는 어떻게 하면 돈을 모을 수 있을지 막막하기만 했다. 기득권층이 온갖 이권을 움켜쥐고 평범한 우리에게는 나눠주지 않으려 한다고 생각했다.

하지만 분명히 기회는 있다. 한 분야에 지독하게 파고들어 공부하고 분석해보자. 모든 자산은 오르기만 하지 않는다. 2021년 하반기에는 부동산도 주식도 이미 많이 올라 있다. 고평가되었다는 이야기가 심심찮게 들린다. 가격이 많이 올랐다는 말은 곧 기회가 온다는 말이다.

언제일지는 정확히 모르지만 분명히 조정기가 올 것이다. 하락기가 오는 것은 역사적으로 증명된 사실이다. 지금부터 공부하고 시장에 참여하면서 준비한 사람은 하락기라는 기회가 왔을 때 과감히 베팅할 수 있다. 반대로 명확한 기준과 지식이 없으면 절호의 기회가 왔을 때 "이제 부동산은 끝났네." "주식으로는 돈 못 버는 거야." 하고 또 행운의 여신을 돌려보낼 것이다. 코로나19로 인해 주식시장에 폭락기가 왔을 때 자신이 어떻게 행동했는지를 돌아보면 알 수 있다.

만약 주식시장에 확신을 가지고 분석해놓은 상태였다면 과감히 저평가된 기업에 투자했을 것이다. 항상 위기 속에서 큰 부자가 탄생한다. 위기가 곧 기회다. 나도 앞으로 다가올 하락기를 위해 현금 비중을 늘리고 매일같이 분석하고 있다. 조급하게 생각하지 말자. 반드시 기회는 온다.

꼭 기억하자. 행운의 여신은 행동하는 자에게만 온다.

월급은 적지만 부자는 되고 싶어

초판 1쇄 발행 2021년 11월 16일

지은이 곽중현

펴낸곳 온더페이지
펴낸이 김효주
출판등록 제2021-000303호
주소 (04031) 서울시 마포구 양화로15안길 19, 2층 4-2호
전화 (02) 6338-0224　　**팩스** (02) 6338-0225
이메일 onthepage21@naver.com
ISBN 979-11-976128-0-0 03320
값 15,500원

온더페이지에서 소중한 원고를 기다립니다.
따뜻하고 유용한 글을 onthepage21@naver.com으로 보내주세요.